CHARITÉ BIEN ORDONNÉE

BÉNÉDICTE POIRIER
YOHAN BLAVIGNAT

CHARITÉ BIEN ORDONNÉE

Révélations sur la Croix-Rouge française

COLLECTION **DOCUMENTS**

cherche midi

Vous pouvez consulter notre catalogue général
et l'annonce de nos prochaines parutions sur notre site :
www.cherche-midi.com

Directeur de collection : Arash Derambarsh

30, place d'Italie
75013 Paris

Mis en pages par DV Arts Graphiques à La Rochelle
Dépôt légal : février 2019
ISBN : 978-2-7491-6046-7

INTRODUCTION : UNE ASSOCIATION HUMANITAIRE DEVRAIT-ELLE FAIRE ÇA ?

Il suffit parfois d'un murmure pour tout déclencher. Ne nous y trompons pas, il ne s'agit pas d'une rumeur mais d'un souffle que l'on vous glisse à l'oreille et que, en tant que journalistes, il convient de vérifier. La première braise de ce qui ressemblera, près d'un an et demi plus tard, à un feu ardent.

Une rencontre qui devint décisive. Un témoignage qui posa les premières pierres d'un édifice fondé sur beaucoup d'autres. Après plusieurs entrevues, cette source nous raconte, documents à l'appui, comment une poignée de cadres dirigeants ont mis en place un système basé sur la « terreur », la recherche du profit et la confusion des genres au sein d'une des plus grandes associations caritatives de France : la Croix-Rouge. Ces quelques mots suffisent pour nous alerter. Pourquoi tient-il de tels propos ? Quelle est son intention ? Est-il possible que les allégations tenues contre l'une des plus respectables associations humanitaires de France soient vraies ?

Au fur et à mesure de notre enquête, nous nous rendons compte que la situation est extrêmement préoccupante, et ce depuis plusieurs années. Au risque de briser des vies. Il suffit de tirer le fil dans n'importe quelle direction pour découvrir des éléments accablants. Mises bout à bout, toutes ces informations soigneusement cachées au public forment un scandale d'une ampleur inédite. Un malaise qui atteint de nombreux cadres face aux agissements de la présidence et de son bureau national. Comme vous le verrez dans cet ouvrage, certaines de nos sources témoignent anonymement. D'autres ont longuement hésité avant de laisser apparaître leur nom. Et une grande majorité n'ont, dans un premier temps, pas accepté de nous parler. La peur est un mécanisme puissant, que nous ne nous attendions pas à rencontrer au sein de la Croix-Rouge française.

Nous n'enquêtons pas dans cet ouvrage sur les actions proprement dites de l'organisation, mais sur les méthodes de gouvernance. Car, dans une entité influente comme la Croix-Rouge française, peut-on cautionner que l'on s'acharne sur des salariés ou que l'on use de méthodes douteuses pour faire taire les points de vue divergents ? Ce ne sont pas là les idéaux auxquels prétend cette belle association, selon la majorité de nos sources. Toutes ont, durant leur récit, manifesté le même désir : rendre à nouveau sa superbe à une organisation qu'ils ont tant aimée.

Il ne s'agit donc pas de dénigrer cette association ni d'inciter les Français à suspendre leurs dons. Bien au contraire. Elle est indispensable pour les plus démunis et les bénévoles ne sont, dans l'immense majorité des cas, pas au courant des agissements du siège national.

Au total, nous avons rencontré près d'une vingtaine de personnes, salariés, bénévoles ou anciens cadres de l'association. Un travail d'enquête minutieux d'un an et demi où chaque propos et chaque argument est vérifié.

Malheureusement, nous n'avons pas pu nous entretenir avec la personne qui a suscité cette enquête : le président de la Croix-Rouge française, M. Jean-Jacques Eledjam. Malgré nos multiples requêtes, il n'a jamais accepté de nous recevoir. Le point de vue de l'association est néanmoins relayé par Sandrine Witeska, la directrice de la communication, et Guy Bernfeld, le directeur général adjoint, avec qui nous avons pu longuement nous entretenir.

Si certains passages peuvent sembler romanesques, il ne s'agit malheureusement pas d'une fiction, rien n'a été inventé. Il en va du respect des lecteurs et des personnes citées.

1

L'HOMME INVISIBLE

Fin mars 2015. À près de vingt-quatre heures de vol de la grisaille parisienne, le soleil de Nouvelle-Calédonie réchauffe les chanceux visiteurs. Parmi eux, un groupe tout à fait spécial qui ne passe pas inaperçu : une délégation de la Croix-Rouge, notamment composée de son président, le professeur Jean-Jacques Eledjam, et de son épouse, a posé ses valises à Nouméa le 29 mars. L'objectif de cette visite officielle est de célébrer les 150 ans de l'association humanitaire, mais aussi ses 70 ans de présence dans l'archipel. Le président et sa délégation doivent rencontrer les représentants locaux et ceux qui en bénéficient, ainsi que les institutions du territoire.

Sur place, c'est l'euphorie. Tous attendent de rencontrer ce grand homme et de l'entendre donner sa vision d'une association pour laquelle ils donnent leur temps. Les cheveux grisonnants, le corps élancé, le port haut, le professeur montpelliérain charismatique pèse chacun des mots qu'il prononce. Rien ne semble jamais laissé au hasard. Son intonation est monocorde, posée, réfléchie. Le destin du royaume de la Croix-Rouge serait donc entre les mains d'un sage. C'est que le curriculum vitae du professeur Eledjam, élu à la tête de l'institution depuis 2013, est impressionnant. Au cours d'une seule vie, il aura été infirmier, puis anesthésiste, devenant ensuite professeur émérite avant d'accéder à la présidence d'un des plus importants organismes humanitaires de France.

À Nouméa, entre le 29 mars et le 7 avril 2015, certains ont donc eu la chance d'apercevoir cet homme. C'est notamment le cas des enfants de la crèche estampillée Croix-Rouge « La Maison du petit enfant ». Face à l'établissement, à quelques pas de la mer de Corail, des bancs de toutes les couleurs ont été installés dans le jardin. Les enfants patientent sagement. À côté de l'arbre, une chaise en bois et en fer attend son hôte. Le président Eledjam fait son apparition : pantalon blanc, chemisette grise boutonnée jusqu'en haut, lunettes de soleil attachées à l'un des boutons. L'homme prend place et dit quelques mots avant de visiter ce centre géré par son association.

Le programme du président est serré. Les rendez-vous s'enchaînent et, *a priori*, les moments de répit sont brefs.

A priori seulement, car, en réalité, le président Eledjam profite également de ce séjour en Nouvelle-Calédonie pour se détendre en compagnie de son épouse. Qui pourrait lui en vouloir ? Le couple présidentiel aurait téléchargé une grande quantité de films sur une tablette Croix-Rouge[1] et, selon une de nos sources présente sur place, ne répond pas à toutes ses obligations. En effet, lors de ce voyage, l'ensemble de la délégation est convié à déjeuner par la directrice de l'organisation en Nouvelle-Calédonie de l'époque. Elle est venue avec toute sa famille pour l'occasion. Après tout, on ne rencontre pas le président de la Croix-Rouge française tous les jours. Les sourires sont de mise, mais ne dureront pas, car le président Eledjam

1. Cf. chapitre 10, « Faites ce que je dis, pas ce que je fais ».

se fait attendre. Notre source tente tant bien que mal de détendre l'atmosphère et de gagner du temps, mais c'est peine perdue puisque M. Eledjam ne se rendra jamais à ce déjeuner. La raison ? Selon notre source, il jouait au golf, non loin de là. « C'était pour le moins déplacé. En plus de regarder des films toute la journée, il se permettait des moments de loisir alors que des élus l'attendaient. Ce n'est pas ce qu'on attend d'un président, même dans un lieu paradisiaque comme la Nouvelle-Calédonie », tempête ce témoin privilégié.

Nous n'aurons, pour notre part, pas plus de chance que la directrice de la Croix-Rouge sur cette île du Pacifique sud au cours de cette enquête. Il nous aura fallu près d'une année et demie pour recueillir les nombreux documents et témoignages qui étayent nos arguments tout au long de ce livre. Il nous aurait sans doute fallu bien plus longtemps pour rencontrer le président Eledjam.

En tant que journalistes, nous avons l'habitude de contacter les services communication des différents organismes pour organiser des prises de rendez-vous. Avec la Croix-Rouge, le processus semble différent. Début avril 2018, alors que nous avons déjà rencontré de nombreuses personnes, nous recevons un appel téléphonique d'un correspondant inconnu. Il s'agissait de la responsable presse de l'association qui avait « entendu dire » que nous faisions une enquête sur l'organisation humanitaire. Nos noms et numéros de téléphone ont été communiqués. Surpris par cette initiative, nous répondons par l'affirmative mais ne dévoilons pas nos cartes. Notre interlocutrice nous invite alors à se tourner vers elle pour organiser un rendez-vous avec M. Eledjam.

Nous écrivons donc un e-mail à la responsable presse de la Croix-Rouge le 11 avril 2018. Un courrier électronique dont elle accuse réception dès le lendemain. Seulement, sa réponse contient une étrange requête.

Bonjour,
Nous avons bien reçu votre demande et la transmettons. Pouvez-vous nous préciser avec quels interlocuteurs vous avez déjà pu échanger pour cette enquête ?
Bonne journée.

L'association nous demande, à nous, journalistes, de lui livrer nos sources. Une requête peu commune dans le monde journalistique. La loi de 1881, qui encadre la liberté de la presse, permet à quiconque estime excessives et erronées les affirmations faites par un journal contre lui de se défendre par une procédure en diffamation. Le juge vérifiera alors si ce journal a effectué une enquête sérieuse et mesurée, mais sans pour autant divulguer les sources d'information. Bien entendu, nous refusons la requête de la Croix-Rouge.

À la suite de notre réponse, nous n'aurons plus de nouvelles de l'association. Nous décidons de la relancer le 22 mai 2018. Après plusieurs échanges, nous convenons d'une date pour une rencontre au siège de la Croix-Rouge, dans le 14e arrondissement de Paris : le 27 juin 2018 à 17 h 30. Pendant plusieurs jours, nous faisons l'état des lieux des documents en notre possession, des témoignages recueillis, et adoptons une stratégie pour mener l'interview. Nous avons hâte d'être à ce premier rendez-vous avec le président en personne.

Notre déception est grande quand, à la veille de l'interview prévue trois semaines plus tôt, nous recevons un e-mail signé de la responsable presse de la Croix-Rouge et commençant par ces mots :

Je suis vraiment désolée mais malheureusement un déplacement de dernière minute ne permettra pas à notre président et notre directeur général de vous recevoir demain.

Nous rencontrerons donc le directeur général adjoint, Guy Bernfeld, et la directrice de la communication, Sandrine Witeska. Nous nous sommes bien entendu rendus à ce rendez-vous pour connaître le point de vue des dirigeants de l'association sur les thèmes évoqués dans ce livre, mais avons tout de même relancé la responsable presse à de nombreuses reprises – six pour être précis, ainsi que de nombreux appels téléphoniques – pour rencontrer M. Eledjam. Réponse officielle : « Je vous confirme que notre président ne pourra malheureusement pas vous recevoir, mais il me semble que nous avons pu aborder ensemble toutes les questions que vous aviez. » Le travail a, en effet, été bien fait. Rien de négatif sur le président n'est ressorti de cet entretien. En ce qui concerne les questions que nous avions à lui poser en personne, elles resteront donc sans réponse.

Finalement, nous ne rencontrerons jamais le président Eledjam au cours de cette enquête. C'est un des traits de sa personnalité, celle d'un homme qui, s'il aime à être reconnu dans les plus hautes sphères par « ambition » et « soif de pouvoir », semble pourtant se cacher des médias, surtout lorsqu'il s'agit d'investigations le concernant. Rien ne doit éclabousser le chef, et tout est fait dans ce sens : M. Eledjam a plus d'une corde à son arc – corde dont il se débarrasse dès qu'un scandale survient.

« Tout pouvoir sans bornes ne saurait être légitime[1] », écrivait Montesquieu en 1721. En 2017, M. Eledjam est réélu

1. Charles-Louis de Montesquieu, *Lettres persanes. Œuvres complètes*, tome II, lettre CIV.

à l'unanimité. Mais qui est cet homme, président d'une des plus grandes associations humanitaires de France mais dont le nom n'est connu que par une poignée d'initiés ? Quels sont ses objectifs pour la Croix-Rouge ? Comment est-il perçu au sein de l'organisation ? Comment gouverne-t-il ?

2

L'ÉLECTION D'UN ROI

L'entretien fut bref et cordial.

Début 2013, deux hommes se font face dans un petit bureau parisien du 15e arrondissement, au siège actuel de l'association La Chaîne de l'espoir. Tous deux sont médecins, l'un est connu du grand public, notamment pour ses travaux sur les maladies infectieuses, l'autre y aspire. Derrière une pile de dossiers et un ordinateur obsolète, le professeur Marc Gentilini, ancien président de la Croix-Rouge française[1], accueille dignement son invité, le professeur Jean-Jacques Eledjam, anesthésiste à Montpellier et membre du conseil d'administration de l'association.

Eledjam pénètre dans la pièce, armé de tout son charme. Rien n'est laissé au hasard – sourire, poignée de main, compliments. L'homme à la stature élancée et aux cheveux grisonnants entend séduire son hôte et y met les formes. Ses politesses calculées et cérémonieuses dissimulent mal son ambition.

Les deux hommes ne se connaissent pas encore personnellement. Eledjam connaît la réputation et les anciennes

1. Président de la Croix-Rouge française de 1997 à 2004. À l'époque des faits, il est toujours président honoraire.

fonctions de Gentilini. La réciproque n'est pas vraie. Le jeu est faussé.

«Je savais qu'il était au bureau national de la Croix-Rouge. Pas plus, pas moins. Il ne faisait pas de vagues, à cette époque-là[1]», déclare le professeur Gentilini. Il nous reçoit davantage par courtoisie que par nécessité et commence par un monologue de trente minutes, racontant ses expériences en Afrique. Soudain, il s'arrête et demande: «Vous avez peut-être une question? Sinon, on arrête.» L'homme a l'habitude de juger ses invités en une minute. Gare à celui qui ne se montre pas à la hauteur. Il porte un costume, une chemise blanche, une cravate noire – un style qu'il se targue d'avoir inventé.

Lorsque nous l'interrogeons au sujet de Jean-Jacques Eledjam, le professeur Gentilini s'arrête net. Il se souvient très bien du jour de leur première rencontre et décrit un homme qui semblait à l'aise, volontiers flatteur – bien qu'il eût décelé un soupçon de stress.

En effet, Eledjam le sait: face à l'ancien président de la Croix-Rouge, le moindre faux pas pourrait tout faire capoter. Les courtoisies de convenance échangées, ses premiers mots seront déterminants. Il doit le séduire. Il en est capable. Eledjam passe aux choses sérieuses.

«Je voulais vous voir pour savoir ce que vous penseriez de mon éventuelle candidature à la présidence de la Croix-Rouge.» Surpris par cette question si directe, le professeur Gentilini, de manière diplomatique, répond à celui qui sera bientôt le nouveau président.

«Je ne vous connais pas, monsieur, mais vous êtes professeur à Montpellier. Qui est contre vous? Personne. Selon moi, vous n'avez pas à hésiter: présentez-vous.»

1. Entretien accordé aux auteurs le 7 mars 2018.

Encouragé par cette réponse, Eledjam tente alors bravement le tout pour le tout.

« Est-ce que vous pourriez m'aider ?

– Par expérience, je sais que ceux qui demandent de l'aide ne suivent pas les conseils qu'on leur donne. Mais, si vous voulez, je vous conseillerai. »

La réponse de Gentilini est cordiale, mais ferme.

Jean-Jacques Eledjam a obtenu ce qu'il était venu chercher : le soutien d'un ancien président respecté, une figure du milieu médical et humanitaire. L'entretien ne dure pas davantage.

Le second mandat de Jean-François Mattei arrive à son terme en juin 2013. L'élection d'un successeur est dans tous les esprits. D'autant que l'ancien ministre a d'abord souhaité se représenter. Marc Gentilini et d'autres administrateurs l'ont mis en garde pour qu'il ne fasse pas plus de deux mandats, comme le veut la coutume à la Croix-Rouge. Il n'a donc pas préparé sa succession, et aucun candidat sérieux ne se détache. Les prétendants ont, en coulisses, commencé les tractations. Eledjam est l'un d'eux.

Élu au conseil d'administration depuis seulement deux ans, il n'est qu'un outsider au moment de son entretien avec le professeur Gentilini. Les faits d'armes de ce simple professeur de médecine ne pèsent pas lourd face à la carrure de ses prédécesseurs : Marc Gentilini a œuvré à l'identification du virus du sida, son successeur, Jean-François Mattei, a, quant à lui, été nommé ministre de la Santé par Jacques Chirac.

De plus, il n'a adhéré à la Croix-Rouge que sur le tard[1], n'est président de la délégation régionale (du Languedoc-

1. En 2004, alors qu'il a 60 ans.

Roussillon) que depuis cinq ans[1], et n'a été élu au conseil d'administration national que depuis deux ans, grâce à quelques soutiens locaux.

Mais son statut de challenger ne lui fait pas peur. Le docteur Eledjam a l'habitude de jouer des coudes pour grimper les échelons. Infirmier au début de sa carrière, il est devenu docteur en médecine à 39 ans[2]. Il gravit les marches pas à pas : professeur, chef du pôle hospitalo-universitaire des urgences du CHRU de Montpellier à partir de 2007. En 2013, peu de temps avant l'élection du nouveau président de la Croix-Rouge, il a quitté ses fonctions pour prendre le poste d'anesthésiste à la clinique Beau-Soleil. Ce n'est donc qu'un nouveau défi à relever.

Comment ce professeur de province va-t-il s'y prendre pour gagner la place si convoitée de la présidence de l'association caritative la plus emblématique de France ?

Jean-Jacques Eledjam sait s'entourer, particulièrement depuis qu'il a intégré le conseil d'administration, en juin. Début 2013, son nom circule déjà dans les couloirs de la rue Didot, le siège national de l'association, dans le 14e arrondissement de Paris. Une ambition commence alors à germer dans son esprit : en devenir le dix-huitième président. Pour parvenir à ses fins, il active tous ses réseaux. Il semble sûr de son fait et passe à l'attaque.

Six mois avant l'élection, Jean-Jacques Eledjam appelle un ancien cadre de l'association et lui explique qu'il va être élu. Il souhaite travailler avec lui. « J'ai accepté. Ce fut la plus grosse erreur de ma vie », regrette aujourd'hui cette source, qui souhaite, comme presque toutes, garder l'anonymat. Ce fin connaisseur des instances de la Croix-Rouge

1. En 2008.
2. En 1982.

a pourtant joué un rôle prépondérant dans l'élection du « chef ». Faire élire un « baron local » à la tête d'une structure dotée d'un chiffre d'activité de plus de 1 milliard d'euros, qui regroupe plus de 17 000 salariés et 59 000 bénévoles, n'a pas été chose aisée. Mais il n'était pas son seul supporter.

Un autre ancien haut responsable régional[1] confesse également avoir « fait la campagne » d'Eledjam sans le connaître[2]. Fin 2012, il reçoit l'appel d'un infirmier de Montpellier, administrateur au pôle « secours » de la Croix-Rouge, qui pousse en coulisses pour l'élection de son favori. La teneur de la conversation nous a été rapportée par cette source.

« Je voudrais te présenter Jean-Jacques Eledjam. Il est élu au conseil d'administration et souhaite devenir président de l'association.

– C'est qui, ton gars ? Il a fait quoi ?

– Il est chef de service à Montpellier.

– Mais il n'a rien fait, ton gars, il n'a rien publié. Il débarque. C'est peut-être une personnalité de province, mais c'est assez léger pour diriger la Croix-Rouge... »

Finalement, ce responsable local se laissera convaincre. Cinq minutes auront suffi pour qu'il soutienne un homme qu'il ne connaît pas et n'a même jamais rencontré. Il ne nous a pas détaillé ce qui l'a décidé, mais explique : « Je lui ai fait confiance. Je me suis dit que cela nous permettrait d'avoir une bouffée d'oxygène, après les mandats du professeur Mattei. Donc j'ai passé des centaines de coups de téléphone pour l'assurer du soutien de mes connaissances. » Plus tard, il regrettera, lui aussi, cette aide.

1. Qui souhaite également rester anonyme.
2. Entretien réalisé le 28 mars 2018.

Face à nous, il se souvient de sa première rencontre avec le futur président. C'était en 2012 à Paris, à l'occasion de la cérémonie du 11-Novembre. De nombreux bénévoles de la Croix-Rouge défilent. Un homme à la silhouette élancée s'avance vers lui : « Viens mon ami que je t'embrasse ! » lui dit-il.

« C'était Jean-Jacques Eledjam qui disait, devant tout le monde, qu'il me connaissait bien. Je faisais sa campagne, alors j'ai joué le jeu. Une fois élu, je n'ai plus eu de nouvelles de lui, sauf quand il m'invitait à ses remises de décorations. Jean-Jacques Eledjam est quelqu'un qui sait bien se vendre, poursuit-il. Il est souriant, il sait se montrer très proche des gens dont il a besoin et il est assez intelligent pour savoir qui il faut câliner. C'est une qualité rare mais précieuse quand on cherche à briguer un poste à responsabilité. »

L'élection du nouveau président a finalement lieu le 22 juin 2013. Sans surprise, Jean-Jacques Eledjam est élu haut la main par le nouveau conseil d'administration, à la tête de la Croix-Rouge pour quatre années. « Notre société traverse une période probablement la plus difficile de son histoire récente. Répondre aux besoins des plus fragiles d'entre nous est une des principales priorités de l'association. L'humanisation de la société demeure l'objectif premier de la Croix-Rouge française. » C'est ce que déclare le nouvel élu lors de son intronisation.

Mais, de la parole aux actes, il y a toujours un décalage.

Au début, le nouveau président a pris ses marques. Prudent, attentif, il faisait attention à ne froisser personne, surtout ceux qui ont œuvré à son élection. Rapidement, il s'est pourtant transformé en « tyran », selon les mots d'un de ses anciens proches. « Il sait trouver la bonne personne, celle qui va lui permettre d'aller le plus loin. Il lui sourit, la flatte, puis s'en débarrasse une fois obtenu ce qu'il veut. De fait, il n'a jamais les mêmes amis. Personne d'autre que lui ne doit être au centre du monde. Il est l'empire du Milieu, les autres ne sont que des barbares », fustige cet ancien responsable.

Des propos confirmés par plusieurs anciens collaborateurs remerciés ces dernières années, ou poussés à la démission. L'un d'eux parle notamment de « gouvernance toxique ». Un autre de « terrorisme associatif », car, selon lui, il s'agit bien de cela : « gouverner par la peur ». « Quand vous faites peur, et que les gens sont couards, dans 90 % des cas, ça marche. Le président dit à ses troupes : "Je vous tue si vous n'acceptez pas." Le type en face est terrorisé et se plie aux volontés du chef. Et, derrière, il ne faut surtout pas parler parce que ce serait nuire à la réputation de la Croix-Rouge. Mais l'institution est intacte. Seuls ses dirigeants sont fautifs », poursuit cette source.

S'il sait « tuer » ceux qui l'ont aidé, Jean-Jacques Eledjam sait aussi s'entourer de fidèles lieutenants. Un ancien membre du siège indique en effet qu'un « système de cour s'est mis en place », avec une prime à ceux qui acquiescent. « C'est le hochet qu'on agite pour s'assurer la fidélité », poursuit-il. Un autre responsable national parle quant à lui d'une « ambiance mafieuse », où chacun sait ce qu'il doit au chef. En attendant de prendre sa place le moment venu. « J'étais opposé à une réélection de Jean-François Mattei. Je ne m'entendais pas avec lui. J'étais par ailleurs favorable à l'émergence d'une personnalité venue du réseau, et non à une personnalité politique. J'ai donc soutenu Eledjam. Je me rends compte aujourd'hui que M. Mattei a apporté mille belles choses à la Croix-Rouge. On ne comprend cela qu'après coup, vous savez », confesse encore un ancien responsable local parisien. Il est, quoi qu'il en soit, trop tard. Jean-Jacques Eledjam a été couronné. Ses opposants devront attendre la prochaine élection, prévue en 2017.

Pendant que le nouveau président est occupé à façonner le siège de la Croix-Rouge à son image, nombreux sont ceux qui critiquent, à voix couverte ou ouvertement, les décisions prises. « La Croix-Rouge est devenue inaudible et invisible », dénonce le professeur Marc Gentilini. Ce dernier a d'ailleurs tenu à le faire savoir au président en février 2014. « Lors de notre première rencontre, M. Eledjam m'a prié de le conseiller durant son mandat, c'est ce que j'ai donc voulu faire. » Il lui a alors demandé un entretien en compagnie de Jean-François Mattei. Les trois derniers présidents de la Croix-Rouge française réunis dans une même pièce ! Mais la conversation ne se déroule pas exactement comme prévu. Gentilini et Mattei arrivent les premiers au siège, qu'ils connaissent si bien. Leur hôte est en retard. On les conduit alors jusque dans une salle froide où trône une grande table de réunion. Les deux hommes s'installent l'un à côté de l'autre à une extrémité. Jean-Jacques Eledjam finit par arriver. Il est pressé. Un autre rendez-vous l'attend. Il s'assied à l'opposé.

Dans cette pièce sans charme, Gentilini et Mattei vont droit au but. Ils rappellent ce qui, selon eux, devrait être les priorités de la Croix-Rouge française : les zones de privation de liberté, les banlieues et les migrants. Trois points sur lesquels l'action de l'institution est « largement insuffisante ». Jean-Jacques Eledjam écoute, sans rien dire ou presque. Puis il met sèchement fin à l'entrevue. En sortant, il lâche : « J'en ai marre de me faire engueuler par une bande de... Finalement, les obstacles, à la Croix-Rouge, ce sont les anciens présidents qui se mettent en travers de ma route[1]. »

1. Retranscription selon les souvenirs de M. Gentilini.

Le ton est donné. Malgré les avertissements, il ne déviera plus de trajectoire.

Par ailleurs, il va préparer sa future réélection. Jusqu'au 27 juin 2015, les statuts[1] de l'association prévoient que le président national «*est élu pour quatre ans. Il est rééligible. Il ne peut être élu ou réélu s'il a atteint l'âge de soixante-douze ans*». Le professeur montpelliérain fait le calcul: en juin 2017, date de la prochaine élection, il aura 74 ans. Il ne sera donc pas éligible. Il convoque alors l'assemblée générale et ses 250 responsables bénévoles – devenue pour de nombreux détracteurs du président une simple «chambre d'enregistrement» des volontés du chef –, pour voter une modification des statuts, approuvée par un arrêté[2] du ministère de l'Intérieur. Nous sommes un an avant la fin de son mandat. En lieu et place de la phrase citée ci-dessus, les nouveaux statuts indiquent désormais que le président national «*est élu pour quatre ans. Il est rééligible*». La limite d'âge a tout bonnement disparu.

Cette année-là, le président ne vacille pas de son trône. À 74 ans, il est élu à la quasi-unanimité pour un deuxième mandat après avoir pris soin de modifier les statuts de la Croix-Rouge. Comment? L'homme sait, en fin politique, charmer les indécis et sanctionner les opposants. Ne restent que des administrateurs qui lui doivent beaucoup ou d'autres qui ont peur de porter une voix dissidente. Quelques semaines plus tôt, la France, elle, élisait le président de la République le plus jeune de l'histoire. La vie est, parfois, affaire de paradoxes. Jean-Jacques Eledjam a quatre nouvelles années pour agir. Et s'il ne semble pas aujourd'hui vouloir briguer un nouveau mandat, rien ne

1. Chapitre II, section IV.
2. Datant du 3 mai 2016.

l'en empêche désormais. Peut-être sera-t-il tenté par un dernier pied de nez irrévérencieux…

D'autant que la fonction de président de la Croix-Rouge, aussi prestigieuse soit-elle, confère également certains avantages. Elle est occupée à titre bénévole. Mais qu'importe : M. Eledjam a trouvé la parade. Malgré ses 75 ans, il ne semble pas disposé à profiter de sa retraite. On l'a dit : depuis 2013, en parallèle de ses fonctions associatives, il exerce à la clinique Beau-Soleil de Montpellier[1]. Ce poste ainsi que sa vie de famille le contraignent à n'être présent qu'un ou deux jours par semaine à Paris[2]. Son élection n'a, à ce titre, pas bouleversé son quotidien.

Et puis… au-delà de la clinique montpelliéraine, il a vite compris que le prestige de l'association pouvait lui ouvrir des portes bien plus rémunératrices.

1. Fin octobre 2018, il était possible de prendre rendez-vous avec lui en contactant la clinique.

2. Selon certains, ces absences répétées pourraient impacter la bonne gestion de la Croix-Rouge.

3

L'ENVERS DES DÉCORATIONS

C'est un homme anxieux que nous rencontrons à la terrasse d'un bar parisien le 14 mars 2018. Vêtu d'une chemise bleu ciel, cet ancien cadre au bureau national de la Croix-Rouge française, que nous appellerons Camille pour protéger son anonymat, tripote machinalement son téléphone posé à côté de son jus de fruits. Ce dernier, tenu par une clause signée lors de son départ de la Croix-Rouge de ne pas témoigner contre l'association, n'a accepté de s'exprimer à visage découvert qu'après une longue hésitation, déterminé à dévoiler « sa » vérité. Son index tapote mécaniquement l'écran verrouillé. Son regard se pose alentour sur chaque visage qui s'approche de notre table. C'est peu dire que cet entretien n'a pas été aisé à obtenir : il a déjà annulé deux fois de précédentes entrevues au dernier moment. Le 28 février, nous étions convenus d'un rendez-vous dans le 1er arrondissement de Paris, à 10 heures. Camille nous écrit un texto à 8 h 57.

Bonjour, je ne vais hélas pas pouvoir me rendre au café ce matin
et vous prie de bien vouloir m'en excuser.

Après plusieurs échanges de SMS, nous nous entendons sur une nouvelle date : le 6 mars, 10 heures. Là encore, nos questions longuement préparées se sont heurtées à une nouvelle annulation, le matin même :

Cher monsieur, je suis traumatisé par mon passage à la Croix-Rouge sous la présidence du professeur Jean-Jacques Eledjam. Je fais régulièrement l'objet de tentatives d'intimidation.

Il nous indique qu'il peut, cependant, nous apporter des éléments « par mail sécurisé ». Et de conclure :

Pas la peine de se voir ce matin. Je n'en ai pas dormi.

Nous n'aurons plus de nouvelles de Camille jusqu'au 13 mars. Ce jour-là, il nous propose un rendez-vous le lendemain. Le 14 mars au matin, nous recevons un nouveau message. La déception laisse place, à la lecture, à l'espoir. Contre toute attente, il nous informe qu'il sera en avance. Nous nous mettons alors en route.

C'est un homme méfiant que nous rencontrons enfin : l'un des plus proches collaborateurs du président de la Croix-Rouge pendant plus de deux ans, après avoir aidé à son élection, est désormais craintif – il faut régulièrement le rassurer sur nos intentions. Ancien « proche » de Jean-Jacques Eledjam, écarté pour cette même raison, il est depuis dans le viseur de l'association. Ce qu'il sait est une arme qui pourrait bien se retourner contre Eledjam.

Camille connaît très bien les arcanes de la Croix-Rouge. Il y a occupé de nombreux postes importants. C'est précisément pour ses compétences que M. Eledjam a souhaité s'offrir ses services. « On ne revient pas sur les lieux du crime. Je n'aurai pas dû retourner à la Croix-Rouge après être parti dans le privé », regrette aujourd'hui cet homme formé à la Sorbonne.

Au début du premier mandat de M. Eledjam, les rapports entre les deux hommes sont très cordiaux. « Il était adorable. Vraiment charmant. Mais j'ai vite compris qu'il ne savait pas comment fonctionnait une association caritative. C'est pour cela qu'il avait besoin de moi, parce qu'il ne connaissait pas les rouages du pouvoir », confesse-t-il. Dans cette phrase, le mot « pouvoir » est à prendre au sens large. Car l'ancien responsable national a une intime connaissance du fonctionnement de la Croix-Rouge, mais également des institutions étatiques.

Une fois élu à la présidence de l'association, le professeur montpelliérain entre dans le monde des puissants. Pour valider cet état de fait, une de ses premières requêtes est d'avoir la Légion d'honneur. Cette médaille est la récompense ultime à laquelle prétendent les citoyens les plus méritants, et il souhaite par-dessus tout l'obtenir. Tous les présidents récents de la Croix-Rouge ont affiché le fameux macaron à la boutonnière de leur veste. Le professeur Marc Gentilini a été nommé commandeur de la Légion d'honneur, en avril 2000, avant d'être élevé au rang de grand officier, le 15 mars 2004[1], soit quelques semaines avant la fin de son mandat, par Jacques Chirac, alors président de la République. Jean-François Mattei a, quant à lui, reçu les insignes de chevalier de la Légion d'honneur, en juillet 2004, en compagnie d'autres anciens membres du premier gouvernement de Jean-Pierre Raffarin, quelques mois seulement avant son accession à la présidence de la Croix-Rouge, le 19 décembre.

Dès juin 2013, le nouveau président veut être décoré, à l'image de ses prédécesseurs. Il en va de son prestige. Une tâche qu'il confie à Camille, quelques jours seulement après

1. Sans lien avec sa fonction de président de la Croix-Rouge française.

son élection. Ce dernier s'y attelle très rapidement : agrippé à son portable, il nous raconte avoir rencontré « par hasard », le 29 juin 2013 – soit une semaine seulement après l'élection du président Eledjam –, Christophe Chantepy, le directeur de cabinet du Premier ministre de l'époque, Jean-Marc Ayrault. « Je lui ai dit : "Écoute, je vais rentrer à la Croix-Rouge le 1er juillet, et le professeur qui vient d'être élu a 70 ans et n'a toujours pas la Légion d'honneur. C'est embêtant." » Le processus est lancé. « Ça s'est négocié en short autour d'un verre de Ricard », s'en amuse-t-il aujourd'hui.

Finalement, Jean-Jacques Eledjam sera nommé chevalier de l'ordre de la Légion d'honneur le 1er janvier 2014. Une nomination ultra-rapide par rapport à ce qui se fait habituellement.

La cérémonie de remise de la décoration aura lieu le 28 mai 2014 à 16 h 30 au siège de la Croix-Rouge française. Elle aurait dû avoir lieu le 1er avril, mais a été repoussée pour cause de remaniement ministériel. C'est ainsi que l'ancien maire de Nantes, Jean-Marc Ayrault, en qualité de Premier ministre sortant accompagné de son épouse, agrafe les fameux insignes surmontés d'un large tissu rouge au col du professeur Eledjam, vêtu d'un costume et d'un nœud papillon. Lors de son discours, l'ancien chef du gouvernement, remplacé depuis peu à Matignon par Manuel Valls, souligne l'« engagement » et le « parcours remarquable » de Jean-Jacques Eledjam, « fondé sur des valeurs essentielles, comme l'attention à l'autre et la générosité ; des valeurs que porte la Croix-Rouge française, première organisation humanitaire de notre pays ». « Vous avez toujours placé l'humain au-dessus de tout, a-t-il poursuivi, que ce soit dans votre vie personnelle ou professionnelle, à travers la pratique de la médecine et de l'enseignement. » Des « qualités » inattaquables qui semblent pourtant en décalage avec ce que rapportent nombre d'anciens salariés de l'association.

Très ému, le président de l'association remercie chaleureusement l'ancien ministre et son épouse, à laquelle il remet, lors de cette même cérémonie, la première médaille des 150 ans de la Croix-Rouge. Un échange de bons procédés dans la plus pure tradition républicaine.

Le professeur Gentilini était présent à cette remise de décoration, par courtoisie à l'égard de son successeur. Face à nous, il s'interroge sur la portée de cette célébration. « Les honneurs, pour en donner aux autres et pour être efficace dans le combat que l'on mène, c'est bien... » Il ne finit pas sa phrase...

Au lendemain de la remise des insignes de la Légion d'honneur, M. Eledjam est ravi. Il est enfin entré dans la cour des grands, d'autant qu'il a également été nommé chevalier dans l'ordre des Palmes académiques dès 2013. Cependant, son appétit n'est pas rassasié.

Une idée germe alors dans son esprit : il souhaite être nommé au Conseil économique, social et environnemental (CESE[1]). Il en fait part à son fidèle collaborateur, Camille. « Ses demandes de reconnaissance ont été de plus en plus importantes », se remémore l'ancien cadre.

Au-delà du prestige, cette nouvelle fonction lui confère une rémunération de 3 786,76 euros brut par mois pour une présence d'une demi-journée par semaine pendant les sessions, selon une de nos sources. Une nomination qu'il doit à ses aptitudes « *dans le domaine social, culturel, sportif ou scientifique, secteur logement social ou pour des*

1. Créé en 1925 sous le nom de Conseil national économique, le CESE a pour première mission de conseiller le gouvernement et le Parlement par ses avis, qui ne sont que consultatifs. Il est resté peu saisi par le gouvernement et beaucoup de ses travaux résultent d'autosaisines.

handicapés », selon la formulation choisie par la « troisième assemblée de la République ». Si la plupart des membres reversent leur indemnité à l'organisation qui les a désignés au Conseil, ce ne serait pas le cas de M. Eledjam, selon son ancien directeur de cabinet. La fonction de président de la Croix-Rouge est bénévole car liée au principe de « *gestion désintéressée de l'association*[1] ». Aussi, M. Eledjam a voulu obtenir une contrepartie. « Il m'a dit : "Écoute, je passe un temps fou à la Croix-Rouge[2]. Je ne m'en sors pas financièrement" », relate Camille. Bien sûr, la condition pour avoir ce poste reposerait sur une promesse : Jean-Jacques Eledjam s'engagerait à démissionner de son poste à la clinique Beau-Soleil, à Montpellier, après l'entrée au CESE. Poste d'anesthésiste qu'il occupe depuis 2013 et l'oblige à effectuer des allers-retours hebdomadaires à Montpellier. Cette promesse a donc un objectif non dissimulé : être plus présent à Paris pour honorer ses fonctions au sein de la Croix-Rouge. Nous sommes en 2015 à ce moment-là.

Camille s'active donc en coulisses pour satisfaire les désirs du prince. « J'ai sollicité 29 parlementaires, de gauche et de droite, qui ont, à ma demande, sollicité le Premier ministre », se souvient-il. Une méthode qui, là encore, porte ses fruits. M. Eledjam est nommé membre du CESE le 16 novembre 2015 pour un mandat de cinq ans au titre de la « cohésion sociale et territoriale et de la vie associative ».

Trois ans plus tard, nous voulons alors vérifier que Jean-Jacques Eledjam a bien tenu parole, et donc qu'il n'occupe

1. Source : service-public-asso.fr. « *Les dirigeants agissent à titre bénévole, les dirigeants ne bénéficient d'aucune contrepartie (revenus, services, jouissance d'un bien, entre autres), les membres de l'association ne peuvent pas se partager le patrimoine de l'association [...].* »

2. Un à deux jours par semaine, en fait.

plus son poste d'anesthésiste à Montpellier. Pour cela, nous nous rendons sur place[1]. L'établissement se situe à quinze minutes de tranway de la fameuse place de la Comédie, le cœur de la ville, dans un quartier résidentiel. Nous passons les portes automatiques et entrons dans le hall d'accueil. Là, nous prétextons une urgence et demandons à parler au professeur Eledjam, sur les conseils d'un ami. La secrétaire n'est pas surprise de la question et nous indique seulement qu'il ne consulte pas ce jour-là. Elle nous remet alors une feuille qui recense tous les médecins de la clinique. Parmi les dix anesthésistes figurant sur cette liste apparaît, au milieu, le nom du président de la Croix-Rouge, qui travaille toujours à Montpellier, soit à 741 kilomètres du siège de l'association, à Paris, malgré sa promesse de démission.

Mais nous souhaitons aller plus loin. À la rubrique « Consultation d'anesthésie » se trouve un numéro de téléphone, celui du secrétariat de ce service. Nous décidons donc d'appeler. Le service à l'air très demandé, il est souvent occupé, mais la secrétaire répond finalement :

« Bonjour, secrétariat des consultations d'anesthésie.

– Bonjour, madame, j'aimerais pouvoir prendre un rendez-vous avec le docteur Eledjam, s'il vous plaît.

– Oui, le professeur Eledjam, nous répond-elle.

– Oui, c'est pour ma mère, elle doit se faire opérer mais a de l'emphysème. Elle doit subir une anesthésie générale, ce qui peut être compliqué dans son état. Elle est donc assez inquiète quant aux risques encourus. Serait-il possible d'avoir un rendez-vous, s'il vous plaît ? »

La secrétaire nous explique alors que le professeur Eledjam ne prend pas de consultations externes à la clinique, il faut donc y être opéré et être orienté par

1. Fin octobre 2018.

un chirurgien. Nous n'aurons donc pas de rendez-vous avec Jean-Jacques Eledjam, car nous ne nous faisons pas opérer à Beau-Soleil, et non parce qu'il n'y pratique plus.

Le président de la Croix-Rouge continue donc d'exercer à Montpellier, contrairement à ses engagements de 2015. Lors de notre entretien avec son directeur adjoint, Guy Bernfeld, le 27 juin 2018, ce dernier nous l'a aussi confirmé : « Oui, il exerce toujours à la clinique Beau-Soleil, n'importe qui peut prendre rendez-vous avec lui s'il le veut. » Jean-Jacques Eledjam n'est à Paris, donc au siège de l'association dont il est président, qu'une à deux fois par semaine. Les autres jours, c'est à Montpellier qu'il faut le chercher.

Après avoir obtenu le macaron de la Légion d'honneur et un poste au CESE à son président, Camille devrait être logiquement récompensé pour son rôle d'intermédiaire. Mais c'est mal connaître M. Eledjam. Huit jours après sa nomination au CESE, le 24 novembre 2015, celui qui est encore un membre influent du bureau national reçoit un e-mail de son président. Nous nous sommes procuré ce document :

Mon cher ...,
Je vous remercie à nouveau pour le travail réalisé en ce qui concerne le CESE.
Je souhaite m'imprégner personnellement et sans aide extérieure de l'organisation de cette assemblée.
Ma préoccupation pour l'avenir est que vous puissiez trouver une activité qui vous permettra d'exercer vos talents.
Je souhaiterais, car ceci ne me rend plus service, que vous n'ayez plus aucun lien, en dehors de vos liens amicaux, avec la Croix-Rouge, et que vous ne participiez plus d'une façon ou d'une autre à l'information que vous apportez.
En souhaitant cependant que nous puissions nous rencontrer

dans d'autres conditions, je vous assure de mon soutien
et de mon amitié.
JJE

Autrement dit, M. Eledjam admet que Camille ne lui « rend plus service » désormais, et qu'il préfère s'en séparer. « C'est le fait du prince, sans recours », reconnaît M. Gentilini. Pour un autre ancien cadre local, le président « n'a pas vu les qualités de Camille, mais il savait ce qu'il pouvait en tirer : les médailles, ses accointances avec un certain nombre de personnes – qui lui ont notamment permis de siéger au CESE. Il n'y a rien d'interdit, mais je dis juste que c'est curieux comme méthode ».

Cet épisode a profondément traumatisé Camille. Il sera hospitalisé par le professeur Marc Gentilini après son départ de la Croix-Rouge. « Ce n'est pas ce à quoi on s'attend en adhérant à cette association humanitaire… » affirme-t-il, songeur. Il n'est pas le seul à penser cela ni le seul à l'avoir vécu. D'autres ont été utilisés puis jetés sans ménagement.

C'est que le président aime le pouvoir et la reconnaissance. Une anecdote illustre d'ailleurs cette vaine quête de célébrité. Rencontrant François Hollande le 11 septembre 2013 à l'Élysée – moins de trois mois après son élection –, ils évoquent les grandes priorités de sa mandature. Selon l'une de nos sources, proche de l'ancien chef de l'État, le professeur Eledjam lui aurait dit :

« C'est formidable, monsieur le président. Maintenant, on me serre la main dans les rues de Montpellier. On s'arrête, on me reconnaît comme président de la Croix-Rouge. C'est presque gênant.

– Rassurez-vous, lui aurait répondu François Hollande avec humour, dans six mois, ça n'arrivera plus. »

4

BEAU-SOLEIL AU PAYS DES MAGOUILLES

L'histoire qui lie Beau-Soleil, Jean-Jacques Eledjam et la Croix-Rouge[1] ne s'arrête pas au poste qu'occupe toujours aujourd'hui le président dans cette clinique. Jeanne[2], ancienne cadre de l'organisation humanitaire, nous raconte que l'établissement a bien failli tenir une place plus importante au sein du giron de l'association. En tout cas, M. Eledjam aurait essayé. En 2014, le président lui parle d'une clinique à Montpellier qu'il souhaiterait rattacher au groupe: celle de Beau-Soleil. Dans un premier temps, Jeanne ne voit rien d'anormal à cette demande. C'est même assez courant que l'association se penche sur de tels dossiers. «Nous achetons régulièrement des établissements de santé pour agrandir notre rayonnement, celui-ci semblait entrer dans nos critères.» Il lui demande donc de se mettre en relation avec des responsables de Beau-Soleil, ce qu'elle fera. «À ce moment-là de l'affaire, je ne savais pas que M. Eledjam était consultant là-bas, il ne m'avait rien dit.»

1. Cf. chapitre précédent.
2. Son prénom a été modifié.

Ces échanges d'e-mails ont eu lieu courant octobre 2014. Le professeur est alors à la tête de la Croix-Rouge depuis un an et quatre mois, et consulte en temps qu'anesthésiste à Beau-Soleil, mais n'est pas encore titulaire d'un siège au CESE. Jeanne est en contact avec Olivier Jaudon, directeur de la clinique à Montpellier. Dans un courriel du 15 octobre 2014, ce dernier lui écrit :

Je vous propose que nous nous contactions demain à votre convenance (si possible avant 18 heures) pour envisager les modalités de nos échanges et que je puisse me procurer l'ensemble des informations et supports nous permettant de nourrir notre réflexion.

Sébastien Thubert, ancien chargé de mission auprès du président régional d'Île-de-France à la Croix-Rouge, affirme que cette « réflexion » visait à un partenariat financier autour de la restructuration de la clinique. Éric Laurent, représentant CFE-CGC[1], nous confirme, lors d'un entretien téléphonique, que cette tentative a bien eu lieu. Mais aucun document officiel n'a été présenté aux organisations syndicales, M. Laurent a eu vent de l'affaire par des bruits de couloir.

Dans ces échanges d'e-mails, Olivier Jaudon (directeur de la clinique Beau-Soleil) parle d'une rencontre qui aurait eu lieu fin octobre 2014 : « Madame, En vous remerciant pour la qualité et la pertinence de nos échanges lors de notre rencontre de ce samedi, et les perspectives qui se dessinent, je vous prie de bien vouloir trouver ci-joint... » et d'évoquer une prochaine rencontre dans les locaux de l'association à Paris. Selon une source proche du dossier,

1. Confédération française de l'encadrement-Confédération générale des cadres.

seraient alors présents à ce premier rendez-vous : Jean-Jacques Eledjam et deux de ses collaboratrices pour la partie Croix-Rouge, ainsi qu'Olivier Jaudon, accompagné de deux administrateurs de Languedoc Mutualité pour la partie Beau-Soleil. Cette rencontre est donc officielle. Olivier Jaudon, en sa qualité de directeur de la clinique, devrait savoir que M. Eledjam est l'un de ses consultants au service anesthésie, mais à cet instant « personne ne le précise, ou ne le mentionne », selon Jeanne. Les protagonistes avancent masqués. L'affaire est en bonne voie.

Une fois le premier contact établi, Jeanne propose à son président de présenter le projet au bureau national. « Mais il refuse et prétexte que c'est encore trop tôt. » Pourtant, pour faire avancer, et aboutir, une telle transaction, les statuts stipulent que c'est une obligation d'évoquer le sujet devant le bureau national convoqué par le président lui-même :

Article 21 : « *Sous le contrôle du conseil d'administration, [le bureau national] délibère sur toute question dépassant la gestion courante mais ne nécessitant pas d'être portée devant le conseil d'administration.* » Il est également mentionné, dans ce même article : « *Le trésorier national supervise la gestion financière et économique de l'association et s'assure des conditions de mise en œuvre des pouvoirs délégués par le président au directeur général en ce domaine* », l'achat d'un établissement devrait donc lui être soumis.

Elle trouve cette attitude étrange mais n'insiste pas.

« Quelque temps plus tard, je me suis rendu compte que, sur le plan administratif, il n'y avait pas de problème. Mais, en réalité, la clinique n'était pas à vendre », selon Jeanne. D'autant qu'une autre de nos sources nous indique que Beau-Soleil aurait été, à cette époque, en quasi-faillite, et donc ne serait pas du tout un achat intéressant pour la Croix-Rouge.

Au final, l'affaire ne sera jamais conclue, juste laissée à l'abandon.

Lors de notre entretien avec Guy Bernfeld et Sandrine Witeska, nous les avons interrogés sur ce risque de conflit d'intérêts – voire de prise illégale d'intérêts – lors des rachats de centres médicaux ou sociaux. Évoquant le grand nombre de collaborateurs au sein de la Croix-Rouge, nous leurs demandons s'ils ont une politique particulière pour faire en sorte qu'une situation de conflit d'intérêts ne se présente pas lors d'une acquisition. Et, bien entendu, comment faire pour s'assurer qu'aucun parent ne travaille dans l'établissement visé, ou même une personne impliquée dans le processus ? D'un air mécontent, le directeur général adjoint répond, à peine la question posée : « Mais ce n'est pas le sujet, c'est comme une fusion-acquisition. » Et de nous détailler l'inventaire fait lors de ces opérations : « Nous regardons les comptes d'exploitation et les passifs, les parts de marché sur le secteur, c'est une analyse économique et financière. » Et pourtant, non seulement il y a un précédent avec l'affaire Beau-Soleil, mais il y a dans les statuts de l'association un article qui interdit formellement ces pratiques :

Article 6 : « *Les membres d'un organe délibératif ne peuvent pas attribuer une prestation à titre onéreux à une entreprise où ils ont un intérêt.* »

Nous avons voulu comprendre comment un établissement peut entrer dans le giron de la Croix-Rouge, quelles sont les conditions à remplir et ce que l'association devrait passer à la loupe pour valider le projet. Le directeur général adjoint nous explique alors que le processus est le même pour n'importe quel opérateur. Autrement dit, « soit nous répondons à des consultations, soit à des appels à projets publics. Si nous rachetons à d'autres associations, c'est aussi par le biais de consultations faites par des associations». Et d'ajouter: «Il y a très peu d'opérations de gré à gré.» Tempérant quelque peu ces propos, Sandrine Witeska indique que «cela peut arriver». Dans le cadre de Beau-Soleil, l'opération est pourtant montée de gré à gré entre le directeur de la clinique et des cadres dirigeants de la Croix-Rouge.

L'association doit par ailleurs choisir où investir, dans quelle région, et dans quelle spécialité. L'organisme aurait une politique de développement ciblée, et qui aurait changé lors du conseil d'administration de mai 2018. Les régions PACA, Rhône-Alpes, Île-de-France et Occitanie seraient désormais prioritaires. Elles auraient été choisies pour plusieurs raisons. La première, selon Guy Bernfeld, est que «80% de la population est aujourd'hui urbaine, et ces régions sont très peuplées». La deuxième: «Il ne faut pas s'éparpiller et nous devons donc cibler des endroits où d'autres opérateurs sont peu présents.» Pour le directeur général adjoint, l'objectif serait donc avant tout d'éviter la concurrence. N'est pas évoqué le besoin de pallier les déserts médicaux mais bien celui de la compétitivité des infrastructures Croix Rouge. Sandrine Witeska appuie les propos de son collègue ainsi: «Pendant longtemps, nous nous sommes éparpillés et, en regardant la cartographie, nous nous sommes rendu compte que nous étions minoritaires dans de nombreux endroits.» Selon elle, l'objectif est «de répondre à un besoin sur un territoire, et pas d'être présents là où un autre opérateur fait déjà bien le boulot, et qui répond à la majorité des besoins».

Les infrastructures prioritaires seraient, selon Guy Bernfeld, tournées vers l'aide aux personnes âgées et à la petite enfance ainsi que le combat contre l'exclusion. Nous avons eu accès à la cartographie de présence de l'association en 2017 (rapport annuel de la Croix-Rouge française), et force est de constater qu'en Île-de-France l'association est extrêmement présente. Elle compte 35 centres « Enfants et familles », et 6 centres « Personnes âgées ».

Elle remplit donc son contrat, dans un secteur urbain. Les régions PACA, Occitanie et Rhône-Alpes sont moins bien fournies en infrastructures. En PACA, la carte indique 2 centres « Enfants et familles » et 3 « Personnes âgées », situés essentiellement autour de Marseille et de Nice. En Occitanie : 1 centre « Enfants et familles » et 7 « Personnes âgées », localisés aux environs de Toulouse, Perpignan et Nîmes. Enfin, en Rhône-Alpes, 5 centres « Enfants et familles », concentrés essentiellement à Lyon, et 8 centres « Personnes âgées ».

Mais si nous comparons aux autres Régions, beaucoup sont mieux fournies en centres « Enfants et familles ». Dans le Grand Est : 22 établissements ; en Bourgogne-Franche-Comté et en Pays de la Loire : 7 centres. La politique de développement de la Croix-Rouge ne semblerait donc pas encore tout à fait bien rodée.

Bien que la clinique Beau-Soleil remplisse le critère géographique de cette stratégie d'achat, la transaction n'ira même pas, officiellement, jusqu'aux oreilles des syndicats de l'association. En effet, Éric Laurent, représentant CFE-CGC, déplore n'avoir reçu aucun document de la part de la direction à ce sujet, bien qu'averti de l'opération par des bruits de couloir. Cette situation ne serait pas isolée. Les syndicats de la Croix-Rouge perdraient petit à petit leur place au sein de l'association.

5

LA VALSE

« Une fois, [Jean-Jacques Eledjam] a parlé à une ancienne déléguée syndicale d'une manière mais… » Une grimace de dégoût apparaît sur la figure du syndicaliste Croix-Rouge qui nous rapporte cette anecdote[1]. « Il l'a traitée comme une gamine, alors que c'est une dame d'un certain âge qui connaît bien ses dossiers. » Il fait une pause comme si la scène se jouait à nouveau sous ses yeux et ajoute : « Alors que les dossiers, elle les connaissait souvent mieux que lui… » Cette situation est l'une des nombreuses tragédies ordinaires qui auraient lieu durant les assemblées générales et les conseils d'administration : « Il manifeste son mépris pour les salariés avec une violence… Je n'ai jamais vu ça. Le visage, la posture, vraiment méprisant. J'ai même cru qu'il allait vomir en nous parlant. Une fois, j'ai failli sortir de la salle », car ces saynètes auraient lieu, le plus souvent, devant un public, parfois des centaines de collaborateurs.

Tout au long de notre enquête, des récits d'humiliation nous ont été relatés, mettant en lumière ce lourd climat.

Notre source syndicale parle d'« une valse des salariés », et pour remédier à ces absences, ou ces départs, 7 500 personnes

1. Là encore, cette source, bien qu'il s'agisse d'un délégué syndical et qu'il soit protégé en tant que tel, refuse d'apparaître publiquement.

sont en CDD sur l'ensemble des 16000 collaborateurs que compte l'association – soit près de 47 % des salariés. La présence d'une telle part de contrats précaires à la Croix-Rouge serait expliquée, selon notre source syndicale, par un climat hostile au sein de l'association. Climat dont Jean-Jacques Eledjam serait l'un des principaux responsables. Son rapport avec les salariés nous est rapporté comme « pervers », « méprisant », « déplacé », « manipulateur ». Lorsque toutes ces sources évoquent avec nous les mots employés, la posture choisie ou le regard posé sur eux, la peur envahit leur corps. L'angoisse d'être démasqué par l'homme dont elles dénoncent les agissements. Ne pas être vu en la présence de journalistes, communiquer uniquement par téléphone, ne pas donner de détails pouvant amener à identification ; tout cela pour se protéger du joug du président d'une association majeure dans le paysage de la charité française.

Un climat de terreur qui a une influence sur les nouveaux arrivants au sein de l'association. « Il fut une époque où les gens entraient à la Croix-Rouge pour y faire toute leur carrière », explique une source syndicale, mais ce temps semble révolu. « La durée de vie d'un salarié est de sept-huit ans. Le basculement s'est opéré quand l'association a commencé à se comporter comme une entreprise, autour de l'année 2010. » Autrement dit, quelque temps avant l'élection de M. Eledjam, qui aurait toutefois « accentué cette évolution ».

Être estampillé Croix-Rouge est un gage de qualité dans le milieu associatif. Réussir à se frayer un chemin dans ses hautes instances l'est d'autant plus. Selon une source proche de la présidence actuelle, cette équation est plus que comprise par Jean-Jacques Eledjam, et elle relate même l'une de ses petites phrases assassines : « Je vous tue si vous n'acceptez pas. » Cette phrase serait, selon lui, destinée à intimider la personne en face qui a osé dire non et s'opposer à la politique de la présidence. « Le type est terrorisé et ne dit plus rien. » Car tuer, c'est rayer telle ou telle personne de l'univers dans lequel gravite la Croix-Rouge, « c'est la politique de la terreur ».

Et après ? « Il ne faut surtout pas en parler parce que c'est nuire à la réputation de l'association, à son rayonnement dans le monde », poursuit l'ancien président de l'organisation.

Selon notre source syndicale, un budget de plusieurs millions d'euros serait provisionné chaque année pour instruire des procès aux prud'hommes, dans le cadre de départs involontaires. En effet, leur nombre est croissant sous la présidence Eledjam. « Si vous voyiez la liste de gens qui ont quitté la Croix-Rouge (depuis 2013), elle est longue », souligne M. Gentilini. Toujours selon les syndicats, le nombre de contentieux clos serait de 85 en 2017. Cette année-là, l'association a été condamnée à verser 1 395 144 euros à ses salariés. En 2018, ce nombre augmente. À la mi avril, au moment où nous obtenons ces informations, 173 contentieux sont en cours. Et le montant provisionné par la Croix-Rouge pour traiter ces dossiers est d'environ 7 milliards d'euros. À l'heure où nous écrivons ces lignes, le budget de l'association – estimé à plus de 1 milliard d'euros – est donc entaché de plusieurs millions d'euros financés en partie par des provisions exceptionnelles liées à la vente de sites, notamment celui du centre médico-chirurgical de Kourou, en Guyane, estimé à près de 12 millions d'euros.

Mais ces portes de sortie sont souvent ouvertes à la va-vite, dans une précipitation qui ferait perdre beaucoup d'argent à la Croix-Rouge. « L'association perd souvent ses procès, car elle est mal préparée, mal renseignée », indique encore notre source syndicale. En 2017, l'association aurait ainsi été condamnée à payer 35 % des montants formulés par les salariés plaignants. Dans le service de ce syndicaliste, les hautes sphères ont notamment signifié à une collaboratrice son renvoi, mais cette dernière avait un statut de syndicaliste, donc protégée[1], et personne ne semblait alors au courant. « Elle se présentait à une élection, ils ne le savaient pas », alors que la salariée l'avait signalé à ses employeurs, comme il se doit. « Elle a riposté aux prud'hommes, ils ont perdu. » Autant d'argent pour couvrir des frais d'avocat et des dédommagements qui s'envole des caisses de l'association caritative et qui n'ira pas dans les actions à mener sur le terrain.

1. Article L. 2411-1 du Code du travail : « *Bénéficie de la protection contre le licenciement prévu par le présent chapitre, y compris lors d'une procédure de sauvegarde, de redressement ou de liquidation judiciaire, le salarié investi de l'un des mandats suivants : délégué syndical [...].* »

6

PETITES TRAHISONS ENTRE AMIS

Il est un homme qui se décrit par ses convictions associatives et sa loyauté envers son chef. Après avoir passé près de trois ans aux côtés de Jean-Jacques Eledjam, il revient sur une période qu'il regrette amèrement. « On me le proposerait une nouvelle fois, je n'y retournerais pas, même avec tout l'amour que j'ai pour la structure », lance-t-il. L'histoire de cet homme et ses déboires méritent d'être narrés. Après un premier passage à la Croix-Rouge au début des années 2000[1], il entre, une nouvelle fois, au bureau national de l'association par conviction en 2013. Avant d'en sortir par instinct de survie en 2016.

De concert, plusieurs de ses proches, que nous avons rencontrés, nous content les mêmes scènes dignes d'une tragédie grecque faites de trahisons et de coups bas. Cet homme est Frank Delaval[2], ancien directeur de cabinet, et donc très proche collaborateur de Jean-Jacques Eledjam.

1. Il a occupé le poste de directeur de cabinet du président national, puis de directeur de la communication de la Croix-Rouge française entre 2000 et 2005. Il quittera l'association à l'issue du mandat de l'ex-président Marc Gentilini, en 2004, pour rejoindre l'Association des maires de France.

2. Cf. chapitre 3.

Son histoire, c'est son ami d'enfance Elvis Lefèvre qui nous la raconte[1].

Au début de leur collaboration, tout se passait bien, l'entente était même très bonne. L'un, le président Eledjam, vient de province. L'autre, Frank Delaval, a grandi à la campagne dans une famille d'agriculteurs. Les deux mondes qui se rencontrent semblent donc se comprendre à la perfection. Mais très vite, celui qui est alors directeur de cabinet se rend compte que le nouveau président de la Croix-Rouge « n'a aucune idée de comment fonctionne une association caritative ». Prenant son rôle très au sérieux, il décide de l'épauler dans toutes ses décisions. Un bras droit dans toute sa splendeur. À ce moment-là, en 2013, tout semble se dérouler sans accroc. Le président est bien entouré. Son bureau national est composé de 10 membres, dont lui, et compte 4 femmes et 6 hommes.

Sous son aile, Eledjam « a vite appris ». Et dès qu'il prit les choses en main, « des têtes commencèrent à tomber », jusqu'au jour où celle de Frank Delaval a été mise à prix. Pour connaître cette version de l'histoire, et son ressenti sur ces quelques mois qu'il a très mal vécus, il nous a fallu nous adresser à son ami d'enfance, Elvis Lefèvre, un avocat qui n'a rien à voir avec la Croix-Rouge. L'ancien cadre de l'association a quitté l'organisation humanitaire brisé et ne peut pas, encore aujourd'hui, témoigner de ce qu'il a vécu. Lorsque Elvis commence son récit, c'est un homme apeuré qu'il décrit. Un homme qui a perdu le sommeil. Mais aussi un homme qui voudrait désormais tourner la page et raconter sa vision du président de la Croix-Rouge française.

1. Frank Delaval s'est engagé au silence auprès de la Croix-Rouge lors de son départ. S'il a accepté de témoigner pour la première fois auprès de nous, il préfère que son histoire soit narrée par ses proches. Bien entendu, tous les éléments relatés plus loin ont été vérifiés et corroborent ses propos.

La première étape de cette longue descente aux Enfers débute le 31 mai 2015. Jour où le journal *Le Parisien* publie un article à charge contre l'association intitulé « Carton jaune contre la Croix-Rouge ». L'association a été épinglée par l'inspection du travail sur les heures supplémentaires non payées des 480 salariés du siège. Elle doit alors régler 11 millions d'euros d'arriérés à ses employés. Au total, l'inspection du travail, qui se fonde pour son enquête sur le pointage – via des badges que les salariés activent en début et en fin de journée –, découvre 3 345 infractions pour dépassement de la durée légale du temps de travail journalière (fixée à 10 heures), 291 pour dépassement de la durée hebdomadaire maximale (48 heures) et 129 pour privation du « repos quotidien minimal » entre deux journées de travail (11 heures). Un accord sera trouvé entre la direction et les syndicats. Mais, pour l'heure, l'affaire suit son cours. Sans détour, M. Delaval raconte à M. Lefèvre que tout est vrai et que les collaborateurs doivent désormais « faire front » pour déminer la situation. Son travail est de trouver une solution pour que l'association s'en sorte avec le moins d'égratignures possible. Mais les événements ne vont pas se dérouler comme il l'avait prévu. Bien au contraire. L'affaire ébranle l'image de l'association mais ne la met pas à terre.

Moins d'une semaine plus tard, l'ancien directeur de cabinet du président de la Croix-Rouge doit se rendre au Cap-d'Antibes au nom de l'association pour un gala annuel destiné à recueillir des fonds. Nous sommes le vendredi 5 juin 2015.

Au siège de l'association, les collaborateurs sont conscients que cet article ne sera pas isolé, d'autres suivront. Parti en déplacement, Frank Delaval doit donc continuer de gérer la crise. C'est ce qu'il a tenté de faire, en vain. Cette étrange journée, il la raconte à Elvis Lefèvre dans ses moindres détails, avec la précision d'un traumatisme. À plusieurs reprises, son ami essaie de joindre son président, Jean-Jacques Eledjam, entre deux entrevues. Pas de réponse. Il ne prend pas acte et pense que ce dernier est débordé. Il compose donc le numéro du directeur de l'engagement et de la vie associative, Jean-Christophe Combe – aujourd'hui directeur de cabinet –, un homme qu'il considère comme un ami. Là encore, le téléphone sonne dans le vide. Puis ce serait au tour d'Annie Burlot-Bourdil – alors directrice déléguée à la coordination et aux organisations – d'être injoignable. « Lorsque l'on occupe mon poste, on sait comment cela fonctionne, alors j'appelle même Madame[1] », aurait lancé M. Delaval à Elvis Lefèvre. Toujours sans succès. Plus d'images, plus de son. Il réactualise sans cesse sa boîte e-mail. Aucun courriel de la direction. Il décide d'éteindre et de rallumer son ordinateur et son téléphone, pensant à un dysfonctionnement technique. Le doute s'installe et Frank se sent de plus en plus isolé sans en comprendre les raisons. Rien n'aurait laissé présager une telle situation.

« Silence radio ». Le samedi matin, même technique, Frank Delaval éteint et rallume ses appareils à plusieurs reprises. Mais rien n'y fait. C'est la fin du gala, il rentre donc à Paris. Ce qui est étrange, selon Elvis Lefèvre, c'est que d'habitude son ami a le téléphone greffé à l'oreille. « Avec son poste, il reçoit près de 100 appels par jour », explique M. Lefèvre. Mais ces 5 et 6 juin 2015, il en comptabilise zéro, de quoi le mettre sur ses gardes. Quelque chose semble se tramer mais il n'a aucune idée de ce que cela peut être. Il se rend donc à l'aéroport de Nice,

1. La femme de Jean-Jacques Eledjam.

direction Orly. Une heure trente de vol. À terre, il rallume immédiatement son portable, qui reste toujours silencieux. Comme d'habitude, un taxi l'attend pour le ramener à son domicile, dans le 17e arrondissement de Paris. La voiture emprunte le chemin habituel, et les bouchons parisiens sont au rendez-vous. Frank Delaval en profite pour téléphoner à nouveau à Annie Burlot-Bourdil, encore et encore. Jusqu'au moment où elle finit par décrocher.

Elvis Lefèvre nous relate alors la conversation téléphonique :

« Allô !

– Oui ?

– Tu es où, Annie ? »

Elle lui fait comprendre qu'elle ne peut pas vraiment lui parler.

« Je suis au siège.

– Tu es seule ?

– Non.

– Tu es en réunion ?

– Oui. »

Le sang de notre protagoniste ne fait qu'un tour et le directeur de cabinet du président décide de faire un détour par la rue Didot. Il rétorque alors à Annie Burlot-Bourdil, sans lui laisser le choix : « Écoute, je suis à deux pas du siège, j'arrive », puis raccroche. Elvis Lefèvre nous raconte que ces quelques minutes d'embouteillage qui séparent son ami d'une explication à ce silence assourdissant lui semblent durer une éternité. « Il n'avait pas été informé de cette réunion. » En temps normal, Frank est toujours aux premières loges.

La suite de l'histoire va se passer en quelques minutes à peine. Déposé au pied de l'hôpital Broussais, le cadre traîne sa petite valise de voyage à travers les couloirs. C'est samedi, il n'y a pas grand monde. Il s'empresse de rejoindre le bureau du président. Ouvre la porte. Et découvre une assemblée plus qu'extraordinaire. Tous les yeux se tournent alors vers celui qui vient d'entrer. Ce nouvel invité n'est pas attendu. Au contraire. Elvis Lefèvre et d'autres témoins nous dressent une liste des présents à cette assemblée improvisée : « Le DRH, la directrice de la communication, le directeur juridique et l'une des deux vice-présidentes de l'époque. » S'ensuit un échange qui marquera l'esprit de Frank Delaval, un échange que nous relate Elvis. « À cet instant, il n'est pas à l'aise, mais entre dans un rôle de composition qu'il ne pensait pas tenir à la Croix-Rouge et leur demande quel est l'objet de cette réunion. Une personne présente dans la salle lui répond que c'est lui. »

« Développez », interjette le cadre de l'association, mis en accusation. « Un article est en préparation sur toi et sur ta supposée consommation de cocaïne », répond la directrice de la communication, Sandrine Witeska. Elle lui indique alors que *Le Canard enchaîné* s'intéresserait à lui et qu'un prétendu article évoquant ses problèmes de drogue serait en préparation. Il a effectivement eu des soucis avec la consommation de cocaïne dans le passé, mais il aurait arrêté depuis longtemps et se serait fait soigner pour cette addiction. Aussitôt, le couperet tombe : « Oui, on te demande de te mettre en arrêt maladie. » Le ciel lui tombe sur la tête. Il entre dans une colère sans précédent et refuse net cette proposition.

Frank Delaval appelle aussitôt l'avocat de la Croix-Rouge – car il est encore l'un de ses salariés –, maître Emmanuel Daoud. Ce dernier, que nous avons contacté[1], confirme cette information. Sans une seconde d'hésitation, l'avocat

1. Le 11 juillet 2018 par téléphone.

le convoque pour le surlendemain dans son bureau et en présence de l'une des cadres de l'association. Il lui recommande aussi plus que vivement de ne pas se mettre en arrêt maladie tant qu'ils ne se seront pas rencontrés.

8 h 30, lundi matin. Nous sommes désormais le 8 juin 2015. Le directeur de cabinet du président s'est installé dans le bureau de son avocat et lui fait face aux côtés d'une cadre de l'association, présente au moment de l'accusation le samedi précédent : Annie Burlot-Bourdil. Cette dernière affirme vouloir le protéger et dit être prête à l'aider. Maître Daoud sait que le temps presse et ne prend pas de pincettes avec M. Delaval. Il lui demande donc, sans détour, s'il prend encore de la drogue et s'il se servait dans la caisse pour se la procurer. L'homme répond, à deux reprises, par la négative. L'avocat, mandaté par la Croix-Rouge, l'invite alors à poser des congés. Une requête qu'il accepte.

Entre-temps, Frank Delaval reçoit un appel de Jean-Jacques Eledjam. Après plusieurs jours de silence radio, celui-ci ne mâche pas ses mots : il est mécontent face au refus de son « fidèle collaborateur » de se mettre en arrêt maladie. Après tout, son directeur de cabinet lui avait promis de le protéger quoi qu'il arrive et un tel scandale pourrait éclabousser la Croix-Rouge – surtout ses têtes pensantes, dont Eledjam fait partie.

Pourtant, le mercredi, jour de sortie du *Canard enchaîné*, pas une ligne sur cette prétendue affaire. L'avocat, interloqué, aurait même appelé le journal pour comprendre. Peut-être l'article est-il prévu pour une autre semaine ? Mais la réponse va être plus que cocasse. Un journaliste de l'hebdomadaire satirique affirme qu'à la rédaction personne ne connaît le nom de ce fameux accusé. Inconnu. Et donc, pas de papier en cours de préparation. L'affaire serait donc fausse, voire montée de toutes pièces.

Frank Delaval retrouvera son poste un mois plus tard. Mais les couloirs auraient laissé passer quelques bruits. En juillet 2015, tout le monde aurait été au courant de cette affaire. Quelques mois passent, sans encombre. Mais l'histoire recommence. L'accusé est à nouveau convoqué : « *Marianne* fait une enquête sur toi... » lui dit-on. Le siège de la rue Didot s'agite de nouveau et craint un scandale. Sauf que cette fois, il ne serait pas question de cocaïne mais de notes de frais. Les siennes ne seraient pas justifiées. Accusé à nouveau, le directeur de cabinet empoigne tout de suite son téléphone pour écrire un SMS au rédacteur en chef du journal, Joseph Macé-Scaron – rédacteur en chef jusqu'en mai 2016 –, qu'il connaît bien. Dans un premier temps, ce dernier affirme ne pas être au courant d'un article sur lui en préparation. Mais il revient vers lui deux heures plus tard pour lui confirmer ces informations.

Le lendemain, un article paraît dans le numéro du 9 au 15 octobre 2015. Deux pages sont consacrées à la Croix-Rouge et sont titrées : « La Croix-Rouge : le document qui accable la direction. » Il s'agit là d'un rapport commandé par le comité d'hygiène, de sécurité et des conditions de travail (CHSCT) qui « dénonce les dégâts "physiques et psychiques" sur le personnel de l'association provoqués par les pratiques des nouveaux dirigeants », selon les mots de l'hebdomadaire[1]. En bas de cette double page nous

1. Extrait de cet article : « Pour comprendre comment l'ambiance est devenue toxique, il faut remonter à juin 2013. Jean-Jacques Eledjam qui vient de remplacer Jean-François Mattei à la présidence de la Croix-Rouge française s'entoure d'une toute nouvelle direction. Laquelle décide promptement de chambouler la maison, pour, justifie-t-elle, faire des économies. [...] Car le projet, présenté pour la première fois aux élus du personnel en octobre 2014, n'a cessé de changer de version. Un jour, il n'est plus question de faire des économies, mais d'optimiser le fonctionnement ; le lendemain, c'est le fonctionnement lui-même qu'il faut revoir. Puis les premiers transferts vers les plates-formes [situées à Lyon et Noisy-le-Grand elles ont pour objectif de rassembler

pouvons voir une photographie du président, Jean-Jacques Eledjam. Selon ce document, tout irait « de travers », mais ce n'est pas Frank Delaval qui est accusé ici. En haut de la page de droite, trois colonnes d'un autre article lui sont pourtant bien consacrées : il s'agit d'un court article sur ces fameuses notes de taxi.

Les notes de frais incriminées sont celles du compte G7 de notre protagoniste. La facture s'élèverait à 5 000 euros en seize mois, sur un compte qui ne serait pas nominatif. Il explique à son ami Elvis Lefèvre qu'en tant que cadre c'est à lui de commander les taxis pour un certain nombre de collaborateurs de la Croix-Rouge. Par exemple, il évoque un jour de 2014. Des membres de l'association se sont rendus sous l'Arc de triomphe pour raviver la flamme du Soldat inconnu, une journée annuelle de commémoration. Plusieurs dizaines de bénévoles et autres personnalités de l'association sont présents, dont le président lui-même. Un bus est normalement affrété pour mener tout ce beau monde à l'étape suivante de ce périple : le restaurant. Sauf que le véhicule n'est jamais arrivé où il était attendu. Après une longue journée, l'ancien directeur de cabinet de M. Eledjam n'aurait pas voulu faire prendre les transports en commun à la délégation. Il aurait donc choisi de commander des taxis pour tout le monde, et via ce compte G7, incriminé par *Marianne*. Au total, ce sont huit taxis qui auraient alors été commandés. Une version confirmée par une de nos sources, ancienne cadre de l'association qui souhaite garder l'anonymat.

certaines activités jusqu'ici réparties dans sept pôles partout en France, note des auteurs], annoncés fin août, sont reportés à novembre... De quoi donner le tournis aux salariés paniqués par "l'amateurisme" de leurs patrons. »

Mais le mal est fait. Malgré ses explications, Frank Delaval sera convoqué par les hautes instances de la Croix-Rouge. Il sera alors remercié et invité à faire ses cartons. Pour les dirigeants, c'était l'« affaire » de trop.

Voulant se défendre, il demande conseil à maître Emmanuel Daoud, mandaté par l'association. Ce dernier aurait alors préconisé une sortie honorable pour les deux parties, un conseil pour ne pas se faire « dépecer ». En jeu, à ce moment-là, l'image d'une association qui souhaite plus que tout éviter d'être éclaboussée par un scandale. Non sans malice, l'ancien membre de l'association a raconté très récemment à son ami – nous sommes actuellement en juillet 2018 – qu'il « a reçu un texto de confirmation pour une commande G7 » le 9 juillet 2018, relate Elvis Lefèvre. Un SMS dont nous nous sommes procuré la copie. Une commande, en partance du siège de la Croix-Rouge effectuée avec le compte dont il était en charge avant son départ de l'association. Il ne serait donc pas désactivé à ce jour et toujours relié à son numéro de téléphone.

Alain Limoge est une autre voix qui s'élève pour raconter ce mauvais polar vécu par Frank Delaval. Cet homme a partagé la vie de l'ancien directeur de cabinet de l'association, au moment des faits. Il nous raconte comme un épilogue de cette histoire : « Frank a été traumatisé durablement par les conditions abjectes dans lesquelles son départ s'est effectué, sa confiance trahie, sa droiture volontairement foulée aux pieds. À plusieurs reprises nous avons pris des verres avec Jean-Christophe Combe[1], après son départ de l'association. Cela m'a vraiment beaucoup perturbé qu'il me confie à quel point Frank l'avait protégé quand son propre licenciement était quotidiennement mis

1. L'actuel directeur général de la Croix-Rouge.

à l'ordre du jour, et qu'il ne se cache pas vraiment d'avoir pourtant contribué à sa destitution, lui annonçant, les yeux dans les yeux, qu'il avait joué un rôle en ce sens[1]. »

Frank Delaval aurait dans un premier temps gardé contact avec ses anciens collaborateurs de la Croix-Rouge, jusqu'à ce jour raconté par Alain Limoge : « Pour clore, et je vous laisse apprécier, quand j'ai accompagné Frank au siège de la Croix-Rouge, plusieurs mois après sa sortie des effectifs, j'ai apprécié l'élégance du président quand il nous a accueillis par un tonitruant : "On nous a bien baisés, Frank, et vous et moi." Nous étions au milieu d'un cocktail et ceux qui ont assisté à la scène étaient sans voix. Comme moi. Cette phrase a résonné pendant des mois dans la tête de Frank. Ce qui est certain, c'est qu'elle l'a empêché durablement de se reconstruire et l'a marqué de manière indélébile. C'est comme "Koh Lanta", à la fin, il n'en restera plus qu'un. »

L'histoire de cet homme ne serait pas isolée dans l'environnement tumultueux que seraient devenus les couloirs de la Croix-Rouge française.

1. Nous avons invité Jean-Christophe Combe à réagir à ces propos. Nous avons reçu pour toute réponse un message de Mme Witeska, directrice de la communication, évoquant des « affirmations totalement fantaisistes ».

7

PARIS SOUS LA COUPE DU ROI

Ce 28 mars 2018, nous rencontrons Jean[1] en plein cœur de Paris. Comme pour tous les autres témoins, sa décision de nous accorder cet entretien n'a pas été facile. Cet homme d'une quarantaine d'années, vêtu d'un pull en laine que surmonte une veste de costume, est un ancien cadre de la Croix-Rouge à Paris. En 2013, il a largement contribué à l'élection du professeur Eledjam à la tête de l'association. «Je ne m'entendais pas avec Jean-François Mattei[2], se rappelle-t-il en agitant frénétiquement la cuillère dans sa tasse de café. Je savais qu'il avait des velléités de faire un troisième mandat et j'étais contre. J'étais favorable à une personnalité venue du réseau, et non à un politique.» Il s'arrête soudainement. Cherche ses mots et concède son erreur de 2013. «Mattei savait écouter. Il a apporté mille belles choses à la Croix-Rouge. On ne comprend cela qu'après coup, vous savez...» Un silence s'installe, et les remords ressurgissent.

1. Son prénom a été modifié à sa demande.
2. Président de la Croix-Rouge entre 2004 et 2013.

La « carrière » de Jean à la Croix-Rouge a commencé en avril 2007. L'homme prend rapidement des responsabilités dans la capitale et en Île-de-France. Il est un leader, un administrateur, un meneur d'hommes, un organisateur. Jusqu'en 2013, son seul problème réside dans sa relation avec le président, Jean-François Mattei. « Le président me recevait une fois par an dans son bureau et me faisait les reproches qu'il avait à me faire. Mais, ensuite, je disposais toujours de longues minutes pour répondre à ces remontrances. Il était attentif à ce que je disais et formulait une sorte de conclusion de nos points de vue. » En juin 2013, le président Mattei quitte ses fonctions et cède son trône à Jean-Jacques Eledjam. « J'avais fait sa campagne mais je ne le connaissais pas. Au début, il était souriant, charmant... » Jean ne finit pas sa phrase. Il découvre au fil des mois que sa relation avec M. Mattei n'était pas si désagréable, finalement. D'autant qu'une rivalité sous cape va s'installer entre Jean et l'actuel dirigeant de l'association.

Le président dirige la Croix-Rouge au niveau national depuis Paris, où se trouve le siège. Jean, quant à lui, est un cadre important de la Croix-Rouge au niveau départemental, en Île-de-France, et notamment dans la capitale, où se trouve la délégation la plus importante de France. Un seul terrain de jeu pour deux hommes influents. Telle aurait été la vision de la présidence à ce moment-là. Après tout, dans l'histoire, le roi de France s'est toujours méfié de Paris... Le président de la Croix-Rouge n'accepterait pas l'ombre qu'aurait pu lui faire le dirigeant départemental.

Les ennuis de notre source commencent en janvier 2014. Jean décide à ce moment-là de s'impliquer dans la campagne municipale à Paris aux côtés d'Anne Hidalgo. « Je ne voulais pas que Nathalie Kosciusko-Morizet soit maire », nous lâche-t-il dans un sourire espiègle. Si tout se passait comme prévu, il aurait dû être en deuxième position sur la liste de la candidate socialiste dans le 9e arrondissement, Pauline Véron. Si tout se passait comme prévu... Quelques mois plus tard, Anne Hidalgo a bien été élue mais Jean n'a jamais été candidat ni siégé au Conseil de Paris comme il l'imaginait.

Dès le 16 janvier 2014, il prévient Jean-Jacques Eledjam de ses intentions. « Celui-ci m'assure que ses vœux m'accompagnent et que je fais honneur à la Croix-Rouge française en participant à la vie de la cité. » Le lendemain, le 17 janvier, sa candidature d'« ouverture à la société civile » est rendue publique sur le site de campagne de Pauline Véron, tête de liste « Anne Hidalgo, Paris qui ose » dans le 9e arrondissement. Le 31 janvier, Jean annonce, à l'occasion du dîner départemental de la Croix-Rouge Paris, son intention de se mettre en retrait de l'association en raison de son « engagement[1] ». Le 3 février au matin, ce cadre départemental adresse un courrier officiel au président Eledjam afin de solliciter la « mise en retrait » de son mandat. « Je ne voulais pas non plus qu'il y ait de répercussions sur l'association », explique-t-il aujourd'hui. Dans l'après midi, M. Eledjam lui indique de fait par e-mail qu'il suspend à sa demande son mandat du 3 février au 31 mars 2014.

La vie de Jean est alors rythmée par la campagne municipale durant plusieurs semaines, la candidate socialiste Anne Hidalgo citant son nom lors de plusieurs événements. Jusqu'au 25 février 2014, où Jean se rend en qualité de membre du comité de soutien au meeting de la tête de

1. Nous nous sommes procuré une copie de cette allocution dans laquelle il dit : « Alors, j'ai décidé de me mettre en retrait de la Croix-Rouge du 6 février au 1er avril 2014, date à laquelle sera mis fin à cette période de retrait. »

liste socialiste dans le 7e arrondissement, Capucine Edou. «Je m'étais mis d'accord avec les membres de son équipe de campagne pour que ma photo apparaisse avec la mention: "Jean..., avocat, président départemental d'une association humanitaire et de solidarité." Mais, le 25 février, je découvre avec stupéfaction que le tract distribué à l'entrée du meeting mentionne mon nom accolé à l'emblème de la Croix-Rouge.» Selon les statuts de l'association, il est possible de s'engager en politique pour un dirigeant – national ou territorial – mais il est formellement interdit d'utiliser son appartenance à l'organisation pour faire sa campagne en raison des principes de neutralité et d'indépendance.

Or, grâce aux documents que nous nous sommes procuré, nous sommes en mesure d'affirmer que Jean a adressé un e-mail, le soir même, à la direction de campagne du 7e arrondissement pour faire part de son «indignation». Il va même plus loin, et adresse le lendemain un SMS au directeur de cabinet du président de l'époque, portant à sa connaissance l'existence d'un tel tract. Celui-ci lui répond par e-mail qu'il transmet l'information à M. Eledjam et au directeur général pour qu'il n'y ait pas d'ambiguïté. Quelques minutes plus tard, le directeur général précise dans un nouveau courrier électronique que sa «responsabilité n'est pas engagée». Dans la journée, la direction de campagne du 7e arrondissement envoie à son tour un e-mail en plaidant l'erreur et précisant que les documents et affichages sur son site internet ne mentionnent plus la Croix-Rouge, associée à son nom. «Je pensais que cette affaire trouvait son dénouement par ces échanges de mails», explique aujourd'hui l'ancien président départemental. Ce ne fut pas le cas.

Plus de deux semaines plus tard, le 15 mars, Jean reçoit un e-mail de la direction de cabinet:

Malgré toutes les mises en garde effectuées, le tract en pièce jointe faisant mention de ta position au sein de la Croix-Rouge française a été distribué hier[1]. Tu ne pouvais l'ignorer. Aussi, malgré toute l'amitié que nous avons pour toi, nous sommes désormais contraints d'entamer une procédure disciplinaire pouvant aller jusqu'à l'exclusion.

Le tract dont il est fait mention est le même que celui porté à la connaissance de la Croix-Rouge par Jean le 25 février. « Je me suis dit : "Wahou, il est violent !" » se souvient l'avocat aujourd'hui, dénonçant notamment le fait qu'il n'est pas mentionné où ce tract a été distribué le 14 mars, ni à qui.

Un nouvel e-mail de la direction de cabinet lui parvient le même jour :

Nous ne pouvons tolérer désormais que la situation perdure, et ne pouvons que constater hélas ton impuissance face à une situation intolérable pour notre association.

« Ainsi devais-je comprendre que malgré mon courrier de protestation du 25 février adressé à la direction de campagne du 7e arrondissement, ce tract aurait continué d'être distribué et que j'aurais été impuissant à faire cesser ce trouble. Pourtant, il n'en est rien ! » s'indigne sans retenue Jean, face à nous.

Jean décide alors de contacter dans l'après-midi même le directeur de campagne du 7e arrondissement de Paris afin de recueillir une explication sur le maintien du tract litigieux. « Il m'a indiqué qu'il ne comprenait pas mon appel et m'a précisé que ce tract était obsolète puisqu'ils en avaient fait imprimer de nouveaux sans aucune mention

1. Le 14 mars.

de mon appartenance à la Croix-Rouge. » À 22 h 22, Jean reçoit un nouvel e-mail rédigé par le directeur de campagne, qu'il avait eu au téléphone quelques heures plus tôt. Celui-ci l'informe qu'une lettre[1] a été imprimée le 28 février à 40 000 exemplaires.

Nous avons eu recours à une société pour la faire boîter[2] dans l'intégralité de l'arrondissement la première semaine de mars. Elle est depuis le principal matériel que nous diffusons avec le programme d'Anne Hidalgo.

Autrement dit, le comité de campagne de Capucine Edou a fait imprimer un nouveau tract dans lequel le nom de Jean n'apparaît plus dans le comité de soutien de la candidate. Et le directeur de campagne de poursuivre :

Je n'ai par contre peut-être pas suffisamment relayé vos consignes et il est possible que des militants qui disposaient encore d'exemplaires de notre projet mentionnant par notre erreur votre appartenance à la Croix-Rouge aient continué à en diffuser.

Dans un second e-mail envoyé le 19 mars, soit quatre jours plus tard, le directeur de campagne affirme que « si des militants ont diffusé le tract incriminé après cette date – le 26 février –, c'est par manque de vigilance de notre part ». Et de poursuivre :

Je suis prêt à témoigner sur l'honneur que ce n'est pas en concertation avec vous que la mention de la Croix-Rouge a été ajoutée sur notre

1. Une lettre de Capucine Edou aux habitants du 7e arrondissement qui ne mentionnait pas le nom de Jean dans le comité de soutien.

2. Cela signifie que des salariés mettent les tracts dans les boîtes aux lettres de l'arrondissement.

document et que vous avez affirmé votre opposition de manière très explicite et demandé que nous prenions les mesures nécessaires pour faire cesser la diffusion dès que vous avez eu connaissance de cet élément.

En pièce jointe de cet e-mail figure le nouveau tract modifié et distribué dès la première semaine de mars.

Quoi qu'il en soit, le mal est fait. Jean est suspendu à titre provisoire avec obligation de restituer tous les moyens mis à sa disposition et interdiction de se rendre à la direction départementale. «Je crois que la présidence de l'association m'a toujours prêté des ambitions que je n'avais pas. Ça ne m'a jamais intéressé d'être administrateur ou président de la Croix-Rouge. Or, avec cette affaire, ils voulaient m'enlever l'agrément qui permet d'être président ou trésorier pendant le mandat en cours et le suivant. C'est pratique si l'on veut se débarrasser de quelqu'un», juge-t-il, pensif.

Seulement, Jean n'est pas du genre à capituler. Lors d'un entretien au siège national de l'association, rue Didot, avec deux dirigeants de premier plan, au lendemain des élections municipales[1], Jean s'est entendu dire: «Écoute, on a juste un petit souci. On a des e-mails qui arrivent de différents endroits en province ne comprenant pas cette procédure disciplinaire lancée à ton encontre. Ils menacent de monter à Paris et de faire des sittings.» Conclusion: «On va abandonner la procédure disciplinaire.» Jean a gagné, grâce à ses soutiens. Paris n'a pas fait trembler le roi, mais les seigneurs ont fait plier la Couronne.

Après ce verdict, Jean est invité à se rendre dans le bureau du président, Jean-Jacques Eledjam. «C'est la première et

1. La liste socialiste dans laquelle figurait Jean a perdu dans le 9e arrondissement contre la liste Les Républicains menée par Delphine Bürkli.

unique fois où je suis entré dans cette pièce. Il m'a fait asseoir, et m'a dit : "Écoutez, c'est un petit malentendu. Je regrette pour votre élection." Et il a continué avec un ton paternaliste que je n'avais jamais entendu : "Bon, maintenant il va falloir s'occuper de la délégation locale parce qu'il y a des choses qui ne vont pas du tout. Il y a du boulot, Jean. Les manettes, c'est moi qui les tire. » Dans son esprit, Jean est devenu une « cible » à un moment où il est fragilisé par son exposition lors de cette campagne électorale.

Mais une fois les résultats connus et la procédure disciplinaire abandonnée, la situation ne s'améliore pas pour Jean. « Il n'y avait pas une semaine qui passait sans une entreprise de déstabilisation. J'étais à bout de nerfs. » Le 14 décembre 2014, Jean est le destinataire d'un courrier recommandé du président Eledjam. Dans cette missive, adressée au siège de la délégation parisienne, l'auteur fait référence à une « feuille de route » qu'il aurait remise à Jean lors de leur conversation après les municipales. Lors de notre entretien, Jean nous indiquera n'avoir jamais vu cette liste ni l'avoir eue entre les mains. « En cinq ou six pages, il me rappelait tous les points qu'il avait évoqués devant moi, à l'oral. J'ai trouvé ça extrêmement malhonnête. » Jean a quinze jours pour répondre et justifier tous les manquements que la direction nationale reproche à la délégation parisienne, sans quoi M. Eledjam le menace de nouveau de lui retirer l'agrément.

« Ce courrier, je l'ai diffusé à tous les membres du bureau de la délégation départementale et je leur ai demandé de l'aide. Je n'ai jamais été déloyal à l'égard de M. Eledjam. Je n'ai jamais touché à sa personne en exercice. Je ne comprenais pas cet acharnement qui venait, je le savais très bien, du sommet de la hiérarchie », se souvient-il. Jean parvient miraculeusement à répondre sous dix jours. Point par point. « Après cela, j'ai fini aux urgences. J'ai fait un malaise. J'avais l'impression que tout me tombait dessus. »

Finalement, après de longs mois de batailles rangées face au siège national de la Croix-Rouge, Jean décide de démissionner à l'automne 2015. « Le jour où j'ai quitté mes fonctions, c'était une libération, nous confie-t-il, ému aux larmes. J'ai appris beaucoup de choses à la Croix-Rouge, mais cette belle maison n'a pas mérité sa gouvernance actuelle. Je garde de cette période de vives blessures. C'est tout simplement honteux ce qu'il s'est passé. Quand on entre dans le bénévolat, ou dans l'encadrement, on sait que la vie n'est pas rose, mais on ne peut pas s'attendre à ça en donnant sa vie à la Croix-Rouge française. » Chaque mot est précis, pensé, pesé, mesuré. Cet homme n'a toujours pas digéré ce qui lui est arrivé. Les larmes coulent sur ses joues.

« On ne sait pas envisager, dans notre société, la souffrance du bénévole. On se dit que la porte est ouverte, on n'est pas payé de toute façon, on peut partir. Mais ce n'est pas si facile. Une femme battue ne quitte pas facilement son mari. Les choses ne fonctionnent pas comme cela. On souffre mais on reste. Et plus on reste, plus on souffre. C'est un tourbillon. »

Lorsque nous le rencontrons, Jean est passé à autre chose. Toujours engagé dans une structure associative, raison pour laquelle il ne souhaite pas dévoiler son identité, il a laissé la Croix-Rouge derrière lui. Seul lui reste un mélange vitreux de souvenirs chaleureux – comme ces « matinées cohésion » où chaque bénévole de la délégation partageait son sandwich avec son voisin, car c'est aussi cela, la Croix-Rouge – et de cauchemars lointains faits de menaces et de coups bas. « Tout cela pour qu'une caste puisse garder ses privilèges », tempête Jean.

D'autres, comme notre source, ont payé au prix fort les agissements de la gouvernance actuelle de la Croix-Rouge française. Au point, parfois, de ne pas s'en relever.

8

QUAND LA CROIX-ROUGE S'ACHARNE

Son visage, marqué par des traits bienveillants mais fermes, était connu du grand public. Son apparition dans les médias, vêtu de son uniforme blanc de la police nationale, rimait le plus souvent avec les débordements des événements sportifs. Responsable de la Division nationale de lutte contre le hooliganisme (DNLH) entre 2009 et février 2017, Antoine Boutonnet fut l'un des acteurs majeurs du football français des années 2010. Sa mission était de mettre un terme au fléau des affrontements entre supporters et au racisme dans les tribunes. Son travail fut notamment marqué par la question du PSG et de la transformation radicale des tribunes du parc des Princes, un des principaux points de fixation du hooliganisme en France, après l'adoption du plan Leproux, consécutif au décès de Yann Lorence dans la traînée sanglante des tensions entre le Kop de Boulogne et le virage Auteuil.

Antoine Boutonnet aura aussi été chargé de suivre le dossier de la sécurité de l'Euro 2016, dans un contexte cette fois-ci dominé par la peur des attentats[1]. Les « fan-zones »

1. *So Foot*, « Antoine Boutonnet, ancien boss de la lutte contre le hooliganisme », 13 novembre 2017.

dans Paris, et notamment celle du Champ-de-Mars, étaient sous sa responsabilité. Selon son avocat, maître Escard de Romanovsky, si l'Euro a pu se dérouler sans encombre cette année-là, c'est « en grande partie grâce à son travail ». Passionné et rigoureux, il était une figure extrêmement respectée de sa profession.

Sa fonction n'était pas simple. Stressante et prenante, elle l'exposait au grand public mais aussi et surtout aux menaces des ultras en tout genre. Toujours selon son avocat, Antoine Boutonnet a dû faire face à de nombreuses menaces de mort et a comparu dans de nombreux procès. « Il n'était donc pas le genre d'homme à craquer face à la pression », conclut l'avocat.

Son métier de policier n'était pas sa seule fierté. Il s'affichait volontiers, en privé, avec l'uniforme de la Croix-Rouge française. Un engagement de longue date qu'il prenait à cœur. La personnalité de cet homme, décrit comme « souriant » et « affable » par ses proches, consolide l'image d'un homme « droit dans ses bottes » que l'officier s'est construite dans les médias. En mars 2017, alors qu'il arrivait à la fin de son mandat, il avait été réaffecté à la Direction générale de la gendarmerie nationale, au sein de la sous-direction de l'anticipation opérationnelle (SDAO). Un changement qu'il vivait, selon ses proches, comme une sanction après qu'il avait été durant de nombreuses années le premier chef d'un service créé *ex nihilo*.

Son décès, le 12 novembre 2017, a marqué le monde du football mais aussi le monde associatif. L'un aura une responsabilité plus grande que l'autre dans ce drame.

L'engagement à la Croix-Rouge d'Antoine Boutonnet remonte au mois de janvier 1990. Il commence en tant qu'équipier secouriste dans la délégation du 15ᵉ arrondissement de Paris. Une fonction qu'il occupera pendant quatre ans. Rapidement, le haut gradé monte les échelons et s'implique corps et âme dans ses fonctions bénévoles. En décembre 2003, il devient directeur adjoint du pôle « secourisme » à la Croix-Rouge Paris, jusqu'en mars 2008. Il devient ensuite vice-président de la délégation départementale de Paris, la plus importante de France.

Le mandat d'Antoine Boutonnet à la tête de la DNLH avait été prolongé plusieurs fois jusqu'à l'Euro 2016. Fort de cette notoriété – et de ses réussites sur le plan sécuritaire –, Antoine Boutonnet ambitionne d'intégrer les structures nationales de la Croix-Rouge dans le but d'y apporter son expérience et son expertise. En 2009, il est élu au conseil d'administration et fait campagne pour l'élection de Jean-Jacques Eledjam à la présidence en 2013. Un homme qu'il ne connaît pas personnellement, mais en qui il croit, selon nos sources, pour l'avenir d'une association à laquelle il tient particulièrement. Poussé par ses soutiens, il se prend même à rêver d'intégrer le bureau national de l'association.

« La Croix-Rouge occupait une part importante de sa vie. Au lendemain de sa victoire, j'ai appelé Eledjam pour lui demander d'intégrer Antoine Boutonnet à son équipe », nous confie une source haut placée au sein de l'équipe de Paris.

« Écoute, Jean-Jacques, lui a-t-il dit. Tu sais que j'ai été un soutien durant ta campagne et j'aimerais que l'administrateur élu de Paris[1] entre dans ton bureau national.

– Mais, tu te rends compte ? lui répond le nouveau dirigeant de l'association. Qu'est-ce que c'est que cette demande ? Mon bureau, je l'ai formé il y a déjà plusieurs mois.

1. Antoine Boutonnet.

– Plusieurs mois ? Mais tu étais à peine candidat ! Il ne me semble pas illogique que l'administrateur élu au titre de la plus grande délégation de France puisse entrer au bureau. Sinon, c'est toujours pour la province. Il faut aussi prendre en compte les besoins spécifiques de Paris. Je te demande d'y réfléchir. »

La réponse du professeur Eledjam ne changera pas. Antoine Boutonnet n'intégrera jamais le bureau national. Pis, le président voit désormais dans ce haut gradé un rival. « Avant d'être élu, Eledjam a essayé d'être ami avec Antoine. De s'attirer sa sympathie parce qu'il était quelqu'un à Paris, ce qui n'était pas le cas du futur président. Puis, il s'est mis à lui parler de plus en plus mal en public », poursuit cette source, à la fois ami avec le commissaire et évoluant dans les hautes sphères de l'association. « Antoine était quelqu'un de respectueux. Quand on lui parlait mal, il ne répondait pas. Il n'avait pas non plus envie de tomber en disgrâce mais il en a beaucoup souffert. Il s'en était ouvert à moi à de nombreuses reprises. »

Selon cette source, M. Eledjam était en guerre ouverte contre le président de la délégation de Paris[1]. Antoine Boutonnet, proche de cet homme, n'était qu'un pion, un « dommage collatéral » dans cette bataille, « pour réussir à [l']atteindre [lui] ». Et pour l'emporter, tous les coups sont permis, y compris les plus innommables.

D'autant que le vice-président de la délégation de Paris avait manifesté son intention de se présenter aux élections de 2017, tant au titre de son mandat départemental que pour le national, qui venaient à échéance. Dans l'esprit de M. Eledjam, l'ombre de Paris aurait-elle, une fois encore, glissé sur son trône ? Quoi qu'il en soit, la machine se met en marche.

1. Cf. chapitre 7, « Paris sous la coupe du roi ».

Dans le cadre de ses fonctions au sein de la Croix-Rouge, Antoine Boutonnet disposait d'un téléphone portable pris en charge par l'association depuis 2003. L'abonnement, qui faisait partie d'un « contrat flotte[1] » de la Croix-Rouge, était payé par celle-ci. En septembre 2009, il a averti par courrier – que nous avons pu consulter – l'association que son nouveau poste de responsable de la Division nationale de lutte contre le hooliganisme impliquait de nombreux déplacements à l'étranger, afin que son abonnement soit adapté. Un avertissement bien pris en compte par les services de la Croix-Rouge au sein de la Croix-Rouge. Le courrier ne s'est donc pas perdu dans les méandres de lettres reçues par le service, le responsable l'ayant attesté sur l'honneur dans un courrier adressé à la justice et dont nous nous sommes procuré la copie.

Le service du policier est alors nouvellement créé par l'exécutif et dépend de la police nationale. Il a pour objectif de se mettre au diapason de ce qui se fait alors en Europe, notamment en Angleterre, dans la lutte contre les violences dans les stades. À ce titre, Antoine Boutonnet doit suivre les clubs français et l'équipe de France lorsqu'ils jouent à l'étranger, pour prévenir tout incident. Un forfait international est alors mis en place par la Croix-Rouge pour éviter les risques de surconsommation. Car, en tant que vice-président de la délégation de Paris, le commissaire ne partait jamais sans ce téléphone, avec lequel il devait gérer des imprévus inhérents à sa fonction associative. « En tant que dirigeant de l'antenne parisienne, je devais parfois m'entretenir avec mon trésorier, qui se trouvait en Chine, ou avec Antoine Boutonnet, même lorsqu'il était

1. La flotte de mobiles est l'ensemble des téléphones portables des salariés d'une entreprise, regroupés dans un abonnement téléphonique commun.

en déplacement pour son travail », nous confie une source haut placée à la délégation de la capitale. Pour son poste de policier, un autre mobile lui avait été confié par le ministère de l'Intérieur.

Malgré ces précautions – comme le montrent les conclusions d'un jugement de la cour d'appel de Paris daté de janvier 2017 que nous avons pu consulter et qui opposait la Croix-Rouge à Antoine Boutonnet –, ce dernier est informé, début 2016, que certains « s'étonnaient des frais engendrés par l'utilisation dudit téléphone. Une rumeur au sein de la délégation de Paris faisait état de plusieurs milliers d'euros de facture[1] ». « On soulignera, poursuit la cour, que cette rumeur n'était corroborée par aucun élément tangible, ni aucune remarque ou demande des organes de direction et de gestion de la Croix-Rouge. » Réputé pour son sens du devoir, l'honneur de ce « grand flic » est atteint. Il ne peut laisser passer cela sans rien dire.

Et lorsque le mot « rumeur » est employé, ce n'est pas par hasard. En effet, dans une lettre du 27 janvier 2016, Antoine Boutonnet écrit à la directrice générale de la Croix-Rouge en ces termes :

> J'ai appris de manière incidente qu'un dossier aurait été monté à mon encontre par des personnes malintentionnées concernant les consommations téléphoniques de mon téléphone mobile attribué par la Croix-Rouge de Paris.

De bonne foi, M. Boutonnet entend mettre fin à cette rumeur « manifestement destinée à déstabiliser l'intimé »,

1. Extrait des conclusions du jugement de la cour d'appel de Paris, daté de janvier 2017, que nous avons pu consulter et qui opposait Antoine Boutonnet à la Croix-Rouge française.

écrit encore la cour. Dans cette missive, il soutient notamment qu'aucune remarque ne lui avait été faite concernant le coût des consommations téléphoniques depuis 2003 et qu'il n'a jamais été destinataire des factures relatives à ce téléphone. Un téléphone portable dont le plafond – il le découvrira par la suite – est de 30 euros, malgré ses avertissements au sujet de son changement de poste.

Le vice-président de la délégation de Paris adresse, en marge de cette lettre, un chèque de 7 000 euros à la Croix-Rouge. Antoine Boutonnet est touché par cette affaire et écrit dans cette lettre de janvier 2016 : « Il y a eu manifestement une volonté délibérée de créer un dossier et d'entacher mon honnêteté. » Alors, pour laver son honneur, il n'écoute pas ses proches, dont son avocat, qui lui déconseillent de plier et d'envoyer une telle somme. « Il n'avait rien à se reprocher. Seulement, il ne supportait pas qu'on mette en cause son honnêteté et préférait plier plutôt que d'aller à l'affrontement avec la Croix-Rouge. C'était un engagement important dans sa vie », se souvient son avocat, maître Escard de Romanovsky. Le chèque est envoyé, car il ne souhaite « pas qu'il y ait une quelconque prise sur [lui] ». Et indique que ce n'est pas un remboursement mais un « don ». Ce chèque ne sera toutefois jamais encaissé, bien qu'un accusé de réception existe.

L'histoire aurait dû s'arrêter là. Mais il n'a reçu aucune réponse de la Croix-Rouge à ce courrier. Pis, le 10 novembre 2016, soit près de onze mois après ces « rumeurs », Antoine Boutonnet a reçu un courrier recommandé avec accusé de réception lui indiquant que le bureau national de l'association avait décidé, le même jour, d'ouvrir une procédure disciplinaire à son encontre. La raison invoquée : « des fautes de gestion liées à l'usage de la téléphonie », rappelle la cour d'appel de Paris. À cette lettre est joint un tableau Excel, que nous avons consulté, faisant état d'une surconsommation de 6 605,88 euros entre 2013 et 2015. « Aucune précision n'était apportée sur la nature du forfait téléphonique, ni de son montant réel, et aucun élément ne permettait de rapprocher ce tableau au téléphone confié à l'intimé », écrit la cour début 2017. Autrement dit, ce tableau avait été fait à la main et aurait très bien pu être truqué.

Après avoir réclamé en vain à voir les éléments ayant permis d'établir ce fameux tableau Excel, Antoine Boutonnet est entendu à sa demande le 30 novembre 2016 par deux membres du bureau national. Là encore, aucune pièce justificative ne lui sera présentée. Le haut gradé de la police nationale fait part de son étonnement et rappelle qu'il n'a jamais été mis au courant de cette surfacturation. En face, on lui rétorque qu'il n'avait droit qu'à 30 euros de dépenses mensuelles au titre de la téléphonie. Rien de plus. Selon les statuts de l'association, le bureau national a alors six mois pour statuer définitivement.

C'est à ce moment-là qu'Antoine Boutonnet prépare sa contre-attaque. « C'est lui qui m'a appelé pour en parler, se souvient maître Escard de Romanovsky. J'avais l'habitude de le défendre pour des affaires de menaces émanant de supporters de football. En général, il n'était pas plus inquiet que ça. Mais là, c'était la première fois qu'il me parlait d'un problème à la Croix-Rouge. Il était extrêmement stressé, il me demandait vingt-cinq fois les mêmes choses. Il était complètement désarçonné. Je ne l'avais jamais vu comme ça. »

Et il ajoute : « J'ai dû faire preuve d'autorité pour qu'il se calme et finisse par m'écouter, alors que nous n'avions pas ce genre de relation. Pour lui ce n'était pas une affaire comme les autres, son honneur était en jeu. » Comme

Antoine Boutonnet l'écrit au président Eledjam dans une lettre du 1er octobre 2016, que nous nous sommes procurée :

> Le fait qu'on puisse imaginer une volonté délibérée de ma part [de dépassement forfaitaire] m'est insupportable.

Dans le même temps, l'officier décide de se confier à l'ancien président de la Croix-Rouge, Marc Gentilini, qu'il rencontre un matin au pavillon René-Leriche, au siège national de la Croix-Rouge, dans le 14e arrondissement de Paris. « Je lui avais dit de ne pas se laisser faire et d'attaquer », se souvient-il. Après ce rendez-vous matinal, le professeur nous confie avoir appelé de nombreux membres du conseil d'administration. « Je leur ai dit de faire attention. De ne pas prononcer de sentence, car ce n'est pas le rôle de la Croix-Rouge d'accabler des gens. Il était dans une période de grande fragilité. J'ai tout fait pour éviter cela... » se souvient-il.

Finalement, le verdict tombe le 12 janvier 2017. Dans une lettre que nous nous sommes procurée, le président de la Croix-Rouge, M. Eledjam en personne, annonce que le bureau national a pris une décision, à savoir l'« exclusion » temporaire d'une année.

« L'objectif de cette procédure était, selon moi, de rendre Antoine inéligible, nous confie son avocat, maître Emmanuel Escard de Romanovsky. Lorsque j'ai compris cela, j'ai posé la question à Antoine : Est-ce que tu veux te présenter aux élections ? Si oui, il faut attaquer. »

Selon les statuts de la Croix-Rouge, l'article 5, consacré aux exclusions temporaires des activités, indique :

« *Dans ce cas, l'adhérent demeure électeur mais il ne peut exercer aucune activité au sein de la Croix-Rouge française sur l'ensemble du territoire national et devient inéligible pendant la durée de son exclusion.*

S'il est membre d'un organe délibératif[1]*, il ne peut plus exercer son mandat pendant la durée de son exclusion.* »

Pratique si l'on veut se débarrasser d'un potentiel rival. « Le recours interne contre la décision n'étant pas suspensif, poursuit la cour d'appel, M. Boutonnet se voyait empêché de se présenter aux élections de 2017 alors que ses mandats venaient à expiration. »

En ce début d'année 2017, la vie d'Antoine Boutonnet bascule. Suspendu de la Croix-Rouge en janvier, il quitte, en mars, la DNLH pour la sous-direction de l'anticipation opérationnelle (SDAO), qui dépend de la Direction générale de la gendarmerie nationale (DGGN). Une réaffectation qu'il vit à nouveau comme une sanction, bien que ce ne soit pas le cas. Il retrouve une vie de bureau après avoir tant voyagé et fait face à des situations d'une tension extrême. Pourtant, son principal souci reste, selon ses proches, son exclusion temporaire de la Croix-Rouge.

Antoine Boutonnet a tenté de faire face. Quelques jours après la décision de l'association, le 23 janvier 2017, il décide de saisir le président du tribunal de grande instance (TGI) de Paris pour demander la nullité de la sanction de la Croix-Rouge. Selon maître Escard de Romanovsky, les débats et l'audience ont été « extrêmement tendus » entre les deux parties. Les avocats de l'association l'ont même invectivé dans les couloirs du tribunal, lançant : « Mais comment osez-vous traîner la Croix-Rouge en justice ? » « Cela semblait être leur seul moyen de défense,

1. M. Boutonnet était administrateur.

se remémore l'avocat. Ça me donnait l'impression qu'il y avait quelque chose de pourri au royaume de la Croix-Rouge », juge-t-il aujourd'hui.

Dans un arrêt rendu le 25 janvier 2017, le juge des référés a ordonné « la suspension des effets de la décision d'exclusion temporaire non suspensive dans l'attente de l'expiration des voies de recours internes et externes formées contre cette décision ». La Croix-Rouge a également été condamnée à verser à Antoine Boutonnet 2 000 euros pour les frais engagés. Les avocats sont furieux. Ils font appel le 27 janvier.

L'audience à la cour d'appel de Paris a lieu le 31 janvier 2017. Comme en première instance, l'avocat de la Croix-Rouge française émet des sous-entendus et met en cause frontalement l'honnêteté d'Antoine Boutonnet, présent à l'audience, l'associant notamment à un certain nombre de dérives survenues au sein de la délégation de Paris. Les juges confirment finalement l'ordonnance de première instance et prononcent la « nullité de la sanction d'exclusion temporaire » d'Antoine Boutonnet. La Croix-Rouge est, elle, condamnée à verser 5 000 euros au bénévole, au motif des frais engagés. « Condamnée en janvier, l'association n'a payé qu'en septembre après de multiples relances et menaces de recours à l'exécution forcée, ce qui fut assez humiliant pour Antoine, déplore maître Escard de Romanovsky. D'autre part, la Croix-Rouge a régulièrement menacé, par la suite, d'assigner M. Boutonnet pour recouvrer les sommes relatives aux factures de téléphone. Sans jamais mettre ces menaces à exécution. » Une épée de Damoclès qui, selon son avocat, affectait particulièrement le moral de cet homme dont l'honneur était déjà remis en cause. La méthode est toute particulière.

Malgré les décisions de justice, la Commission nationale de recours et d'arbitrage (CNRA[1]) confirme la suspension d'Antoine Boutonnet, et ce malgré ses efforts. « Il semblait que la décision avait déjà été prise et la CNRA n'était qu'une chambre d'enregistrement, note encore l'avocat. Je lui avais indiqué qu'il était possible de contester cette décision devant les tribunaux, avec de bonnes chances de succès, mais il ne souhaitait pas subir une nouvelle procédure judiciaire pour faire valoir son bon droit. »

Dans son vaste bureau parisien, maître Escard de Romanovsky se souvient avec émotion de son client. « Il était désespéré. Ils ont remis en cause son honnêteté. Ils ont tapé là où ça fait mal. » Par honte, par crainte ou pour la préserver, Antoine Boutonnet ne parlait jamais à sa femme de ses différends avec la Croix-Rouge ni de ses autres procès avec le monde du hooliganisme d'ailleurs. Jamais elle n'a été dans la confidence durant ces longs mois de souffrance. Pour ses proches, son engagement associatif est ce qui lui donnait le sourire, une sorte de bouffée d'oxygène depuis près de vingt ans. Mais à ce moment-là, il est devenu asphyxiant.

D'autres proches de l'ancien haut gradé de la police nationale que nous avons rencontrés nous confient l'impact de cette procédure disciplinaire sur leur « ami ». Un ancien de la délégation de Paris compare même la situation au film *Gladiator*, lorsque l'empereur s'en prend à la famille du rebelle Maximus pour le faire plier. « On détruit tout. Ils ont détruit Antoine. Enfin, Eledjam a détruit Antoine.

---

1. Un organe interne à la Croix-Rouge « *en charge des recours en matière de [...] radiation, de retrait de mandat d'élu territorial et régional d'agrément des présidents et des trésoriers départementaux, territoriaux et régionaux, ainsi qu'en matière d'instruction d'une mesure de révocation d'un membre du conseil d'administration* », selon l'article 19 des statuts de l'association.

Parce que quand on dit la Croix-Rouge, arrêtons, elle n'y est pour rien, elle est intacte, la belle est magnifique. C'est le fait du prince. »

Un autre ancien responsable de l'association ne se remet toujours pas de l'attitude de la Croix-Rouge. « Mon meilleur ami s'appelait Antoine Boutonnet. Et il a été une victime collatérale d'un massacre professionnel. Il était tous les jours à la maison et il ne parlait que du déshonneur qu'il avait subi après vingt-sept ans passés au service de cette association, témoigne-t-il, les poings serrés. C'était un grand sensible, Antoine », se souvient-il.

Le 24 juin 2017, Jean-Jacques Eledjam est réélu président de la Croix-Rouge française. Antoine Boutonnet n'a pas pu se présenter aux élections nationales. « Après cet épisode, il y a eu quelque chose de cassé chez Antoine, poursuit cet ancien responsable de l'organisation. La Croix-Rouge était une part de sa vie. Ça faisait partie de son équilibre. »

Les mois ont passé. Ses amis croient qu'il est passé à autre chose. Il a un nouveau travail. Et un noyau familial solide. La Croix-Rouge semble définitivement derrière lui. Il avertit pourtant régulièrement ses amis de son intention de mettre fin à ses jours dans ses périodes les plus sombres. Jamais ils ne l'auraient cru capable de passer à l'acte. C'était un grand flic qui avait l'habitude des situations stressantes, des confrontations judiciaires, des menaces de mort. Mais son différend avec la Croix-Rouge le faisait sombrer.

Et, un jour de novembre 2017, dix mois après son exclusion...

9

UN HOMME EST MORT

Le 11 novembre 2017, à l'heure où les premiers rayons de soleil mettent fin au théâtre nocturne, Antoine Boutonnet s'est donné la mort. Au cours de notre enquête, nous avons recueilli plusieurs témoignages de ses proches qui nous ont permis de reconstituer ses dernières heures. Mais également ce qui s'est ensuivi.

Le vendredi 10 novembre 2017, Antoine Boutonnet sort de son bureau. En quittant les locaux de la Direction générale de la gendarmerie nationale (DGGN), situés à Levallois-Perret, dans les Hauts-de-Seine, il se rend directement dans l'appartement parisien de Camille (le prénom a été changé à la demande de notre source), un de ses amis et ancien dirigeant de la Croix-Rouge française. Ce dernier raconte qu'Antoine Boutonnet était toujours présent à ses soirées, car « c'était [son] meilleur ami ».

Camille fête son anniversaire. Beaucoup de monde est présent pour l'occasion – la soirée bat son plein. À une heure tardive, Antoine Boutonnet commence à faire part de ses états d'âme à son hôte et lui répète, une nouvelle fois, qu'il est prêt à en finir. Depuis plusieurs mois, Antoine Boutonnet aurait fait de telles allusions en sa présence, sans que personne pense qu'il puisse passer à l'acte. « Fais pas chier avec ça, si c'est pour dire des trucs comme ça, tu te casses », lui rétorque son ami qui s'en retourne à ses occupations. Il ne veut pas le croire et repense maintenant très souvent à ses appels au secours.

Alors que l'appartement se vide petit à petit, la fête dure encore plusieurs heures. Aux premières lueurs du jour, Antoine Boutonnet décide finalement de rentrer et, malgré son alcoolémie, de prendre sa moto.

Après être passé brièvement chez lui, il se rend directement à son bureau, à Levallois-Perret. En ce samedi matin, il n'est pas censé travailler – et les locaux de la gendarmerie nationale sont presque vides. À peine croise-t-il quelques personnes à l'accueil. Sans prêter attention à ses collègues, il se rend dans son bureau, ferme la porte et s'installe sur sa chaise. Dans la pièce, tout est à sa place. Antoine Boutonnet est très méticuleux. Il sort une feuille, un stylo et commence à écrire une lettre adressée à sa femme et à ses enfants.

Dans cette missive, selon plusieurs de nos sources, dont son avocat maître Escard de Romanovsky, Antoine Boutonnet fait état de trois points : sa vie privée et son nouveau travail, bien sûr... mais plus que tout, il parle de son ressenti sur son engagement et son travail à la Croix-Rouge. Il parle de ce qu'il considère comme des injustices subies à l'association. Un traumatisme qu'il ne digère pas. Une trahison qu'il ne pardonne pas. Il conclut cette lettre par un message d'amour à sa femme, de pardon à ses enfants, et le mot de la fin : « Adieu. »

Une fois ce dernier mot coulé sur le papier, il met la lettre face à lui, le stylo posé à côté, à la verticale. Sa plaque est posée dans l'angle droit du bureau. Parallèle à la feuille et au stylo. Tout est millimétré dans ces gestes. Y compris lorsqu'il prend son arme de service et, d'un geste sûr, se tire une balle dans la tête. Il avait 49 ans.

Quelques heures plus tard, l'épouse d'Antoine Boutonnet, inquiète de ne pas le voir rentrer, appelle Camille, paniquée, pour savoir si son mari est avec lui. À sa réponse négative, elle lui explique que son mari était invité ce samedi soir à un match du Paris-Saint-Germain, mais a laissé l'invitation chez lui – un détail qui vient nourrir son pressentiment de drame. L'ami d'Antoine tente alors de la rassurer : « Ne t'inquiète pas, se rappelle-t-il lui avoir dit, il connaît tout le monde et il n'a aucun mal à entrer dans le stade. » Camille ne laisse rien paraître auprès de l'épouse de son ami, mais l'inquiétude le gagne à son tour lorsqu'il se remémore ce que lui a dit son ami la veille au soir. Il tente alors de joindre quelques-unes de ses connaissances au ministère de l'Intérieur pour le retrouver.

Finalement, son corps sans vie sera retrouvé le lendemain matin, dimanche 12 novembre, dans son bureau. Toute la presse s'est immédiatement fait l'écho de ce suicide symbolique opéré avec son arme de service. Vu les circonstances, des motifs professionnels sont rapidement avancés, comme le laissent penser les différents articles de presse :

LeMonde.fr, 12 novembre 2017 : « Une mutation mal vécue. Selon des proches, il vivait mal cette mutation. Il était par ailleurs la cible d'attaques sur les réseaux sociaux. »

LeParisien.fr, 12 novembre 2017 : « Selon les premiers éléments de l'enquête, il se serait suicidé avec son arme de service, pour des raisons que l'on ignore encore. [...] Ce haut gradé de la police avait quitté en février 2017 la division nationale de lutte contre le hooliganisme [...] pour rejoindre la sous-direction de l'anticipation opérationnelle (SDAO) de la Direction Générale de la Gendarmerie Nationale (DGGN). Selon des proches, il supportait mal cette mutation. »

LeFigaro.fr, 12 novembre 2017 : « [...] la sous-direction de l'anticipation opérationnelle (SDAO), un service de la gendarmerie nationale, où il avait été affecté en mars [...]. Selon le quotidien, qui cite des proches, le haut gradé supportait mal cette nouvelle affectation. »

Personne n'a communiqué sur la lettre qu'il a écrite avant de se donner la mort. Cette dernière laisse pourtant penser que la Croix-Rouge aurait eu un rôle prépondérant dans ce geste désespéré.

« Après sa suspension de l'association, il parlait régulièrement de se suicider, se souvient, les yeux humides, les mains tremblantes, son ami Camille. Il broyait du noir depuis plusieurs mois. Mais je n'aurais jamais pensé qu'il pourrait se donner la mort. J'en pleure tous les soirs. Je n'en dors plus la nuit. » La mort d'Antoine Boutonnet a traumatisé cet ancien cadre de l'association. « La Croix-Rouge a tué quelqu'un silencieusement. Tout ça pour un jeu de pouvoir », accuse-t-il.

Camille, lui aussi victime de la gouvernance actuelle, n'est pas le seul à avoir été affecté par la mort d'Antoine Boutonnet. Un ancien haut responsable local de la Croix-Rouge a également perdu un « ami », un « frère ». « Un homme est mort. » Cette phrase, cet homme d'une quarantaine d'années, que nous appellerons Jean pour préserver son anonymat, l'a répétée à plusieurs reprises, les yeux pleins de larmes, comme pour se persuader de la réalité de ce drame. « La méthode Eledjam a tué Antoine. Elle a été jusqu'à pousser un homme à se tuer. Vous savez, la Croix-Rouge française est fondée sur des principes fondamentaux d'universalisme, d'humanisme, de neutralité, de don de soi. Qu'il y ait un intérêt personnel parce que c'est sympa d'être président, c'est une chose. Le plus important est le sens qu'on donne à sa présence dans l'association. Cet outil, mis entre de bonnes mains, c'est fabuleux. Mais mis entre de mauvaises, ça peut avoir des conséquences désastreuses... »

Le lundi 13 novembre 2017, deux jours après le suicide d'Antoine Boutonnet, Jean-Jacques Eledjam a écrit un mot à l'attention de tous les membres de la Croix-Rouge, dont nous nous sommes procuré une copie, dans lequel il affirme « partager le chagrin » de sa famille et de ses proches. Après un bref rappel de ses activités au sein de l'association, il finit par ces mots : « Au nom du conseil d'administration de la Croix-Rouge française, je tenais à saluer l'engagement d'Antoine dont la disparition tragique laisse dans la peine tous ceux qui l'ont connu. »

Camille n'a jamais pardonné ce message au président de la Croix-Rouge. Ce mot d'usage l'a profondément choqué. Les mains serrées, il dénonce aujourd'hui « un message qui aurait pu faire sourire si les circonstances n'étaient pas aussi tragiques ». Sur les réseaux sociaux, il a notamment répondu à M. Eledjam avec ces mots :

> Je comprends le sens de votre démarche et en analyse parfaitement le cynisme. La justice divine est déjà passée, Antoine est au paradis. La justice des hommes est désormais en route et ceux qui ont jeté son honneur aux chiens vont rendre compte. La lettre qu'Antoine a laissée est très claire et devrait vous imposer le silence.

Selon nos informations, après la découverte de la lettre d'Antoine Boutonnet, Jean-Jacques Eledjam a d'ailleurs été entendu par les enquêteurs, sans qu'aucune suite ne soit donnée.

Un autre homme ne s'est toujours pas remis de ce décès, selon son propre aveu. Il s'agit de l'ancien président de la Croix-Rouge, le professeur Marc Gentilini. Ce dernier était présent aux obsèques d'Antoine Boutonnet, célébrées à l'église parisienne Saint-Philippe-du-Roule. Beaucoup de monde était venu entourer sa veuve et ses enfants, pour saluer la mémoire de cet humaniste, grand flic engagé, époux et père de famille. Jean-Jacques Eledjam, lui, n'était pas présent. Il n'était pas le bienvenu. La veuve d'Antoine Boutonnet l'avait banni après la lecture de la lettre. D'autant que cette dernière n'était pas au courant des agissements de l'association et de son président.

Aujourd'hui, M. Gentilini ne pardonne pas à la gouvernance actuelle de la Croix-Rouge une « indifférence » qu'il juge « incompatible avec son éthique ». Là encore, les méthodes ne passent pas, et elles entachent la structure elle-même.

Les mois passent et le vide laissé par la mort d'Antoine Boutonnet ne disparaît pas chez ses proches. L'un d'eux a demandé à Manuel Valls, alors député de l'Essonne, de solliciter le Premier ministre en poste, Édouard Philippe, pour honorer sa mémoire. Ainsi, dans une lettre datée du 17 janvier 2018 que nous avons pu consulter, l'ancien Premier ministre socialiste demande au chef du gouvernement d'attribuer à titre posthume l'ordre national du Mérite à ce « serviteur de la Nation » pour « ses états de service exemplaires et son grand sens du devoir ».

Pour cet ami, l'idée était de « laver l'honneur d'Antoine », mais aussi que son professionnalisme soit reconnu à sa juste valeur. À l'heure où nous écrivons ces lignes, cette missive est restée lettre morte. L'épouse de l'ancien officier reste, quant à elle, en dehors de ces démarches mais ne s'y oppose pas.

Frank Delaval, très proche d'Antoine Boutonnet, a vécu ce drame de l'intérieur, mais aussi auprès de son ami. Sans bafouer son engagement au silence, fait à l'association, il a voulu nous adresser ces quelques mots par écrit :

Je suis tenu, moralement et juridiquement, par des obligations qui ne me permettent pas de réagir aux questions que vous souhaitez me poser, et dieu sait que... Concernant le départ du Commissaire Antoine Boutonnet, je ne peux pas cependant masquer mon immense chagrin et ma colère ; c'était mon ami, un ami de vingt ans, un ami que je voyais quasiment quotidiennement. Un ami fidèle, honnête et droit ; devant le drame que représente son départ, pour sa famille, les siens, ses collègues, je crois qu'il n'est pas utile de vous préciser que d'aucuns supportent cruellement une part importante de la responsabilité de son départ prématuré. Eux, et ceux qui ont laissé faire. Je ne vous parle pas des résistants de la dernière heure qui ont très élégamment exprimé leur « émotion » dès la mauvaise nouvelle annoncée par les médias. Leur soutien en amont aurait été plus utile. Un homme est mort, sans qu'aucune remise en cause ne soit amorcée. Il est temps de remettre de l'humanité dans l'humanitaire. Je ne doute pas que le Professeur JJE[1] ne s'y attelle avant la fin de son deuxième mandat.

Si, comme le remarquent d'anciens cadres de la Croix-Rouge française, M. Eledjam et ses proches au bureau national « se sont très vite remis de cette disparition », eux ne parviennent toujours pas à tourner la page. « Un homme est mort, répète Jean, les yeux mi-clos, le regard baissé. Un homme est mort. »

1. Jean-Jacques Eledjam.

10

FAITES CE QUE JE DIS, PAS CE QUE JE FAIS

Deux ans avant la mort d'Antoine Boutonnet, en 2015, le président Eledjam n'avait pourtant pas été exemplaire dans un dossier qui incluait également des notes téléphoniques. Une affaire tenue sous silence jusqu'ici qui aurait pu coûter bien plus cher à l'association que ce que l'on reprochait à l'ancien vice-président de la délégation parisienne.

Antoine Boutonnet, nous l'avons dit, a été suspendu, avant de se donner la mort pour une surfacturation téléphonique de 6605,88 euros en deux ans. Le policier avait alors proposé de rembourser la somme due au moment de sa mise en accusation. Aucune négociation n'a été possible. Le chèque n'avait pas été encaissé. Pourtant, selon des documents qui nous ont été remis, notamment un échange d'e-mails entre le bureau national de la Croix-Rouge et l'opérateur Orange, M. Eledjam a effectué une surconsommation d'un total de 12771,91 euros hors taxes à l'occasion d'un déplacement en Nouvelle-Calédonie entre le 29 mars et le 7 avril 2015. Soit sur une période de dix jours seulement.

Ces surfacturations concernent deux lignes appartenant au président, Jean-Jacques Eledjam. La première est son téléphone dont le forfait est pris en charge par l'association, comme celui d'Antoine Boutonnet. Lors de ce déplacement en Nouvelle-Calédonie, qui avait pour but, selon le communiqué de presse de la Croix-Rouge, de « faire plus ample connaissance avec les équipes locales », M. Eledjam a consommé pour 3515,87 euros de *data* hors forfait, soit 689 Mo. La seconde ligne correspond à sa tablette, dont le forfait est également payé intégralement par l'association. Là, la surconsommation a été de 9256,04 euros, soit 1,1 Go. Si l'on additionne ces lignes, le président doit à Orange la modique somme de 12771,91 euros.

Selon une de nos sources, présente lors de ce séjour, le président, accompagné de son épouse, a téléchargé de nombreux films sur sa tablette, entraînant une forte surconsommation. « Le couple ne se servait pas du wifi mais des *data* payantes », nous explique notre source.

Le lendemain du retour du président Eledjam en métropole, le 8 avril 2015, un conseiller relation clients entreprises d'Orange envoie un e-mail au bureau national de la Croix-Rouge mettant en garde contre une surconsommation provisoire d'un montant de 5100 euros émanant de la ligne du président et menaçant d'avoir recours à la « suspension de l'utilisation de la *data* ». Le salarié de la société Orange propose néanmoins une voie diplomatique et ainsi une « restriction ou bien un ajout d'option étranger ».

Dans une réponse datée du 24 avril, le directeur des systèmes d'information de la Croix-Rouge indique qu'une deuxième ligne est concernée par cette surconsommation de *data*. Et que « les deux lignes concernées sont celles de notre président [...] [au moment où il] était en mission en Nouvelle-Calédonie ». Il rappelle que « la consommation la plus importante concerne une puce 3G pour sa tablette iOS [...]. La ligne mobile de son téléphone portable est également concernée». À présent, seize jours après le retour en France de M. Eledjam, «la facture finale pour ce numéro[1] atteint visiblement plus de 9000 euros».

La tractation commence. Il n'est pas question de payer la note en intégralité. Le service des systèmes d'information transmet l'affaire aux personnes compétentes pour entamer les négociations avec le service commercial d'Orange. Après plusieurs échanges d'e-mails et des discussions animées, Orange cède. L'opérateur propose, le 12 mai, de prendre «exceptionnellement» en charge et «compte tenu de son contexte spécifique et sensible» une partie de la facture concernée. Soit une ristourne de 2700 euros hors taxes, ou 50% de la première facture, une fois les options déduites de la somme. La Croix-Rouge ne répondra pas à ce «geste commercial». Orange sera obligé, le 27 mai, de relancer l'association afin de connaître sa décision d'accepter ou non ce geste commercial. Le bureau national n'acceptera toutefois pas tout de suite, comme le montre la réponse du directeur des systèmes d'information, qui tente une ultime négociation, détaillant l'ensemble de la facture[2].

Ce dernier entre dans une tractation soutenue et demande à son interlocuteur de prendre à sa charge 3740,50 euros sur les 9281 euros figurant sur la facture de la ligne correspondant à la tablette du président. Et de demander de faire un geste pour l'autre ligne correspondant au téléphone de fonction de M. Eledjam[3].

1. La tablette.

2. Extrait de l'e-mail dont nous avons obtenu une copie: «Si je ne considère que la première ligne, j'obtiens (9281,01 – 1800) divisé par 2 soient [sic] 3740,50 HT euros à votre charge. Du coup je ne comprends pas bien ce que sont les 2700 euros HT dont vous parlez.»

3. Fin de cet e-mail: «Par ailleurs, que proposez-vous pour la ligne téléphonique?»

Finalement, le 22 juin, Orange, via son « Account manager », accepte un dédommagement bien plus important qui représente une réduction de 50 % des factures totales (moins le prix des options) qui seront prises en charge par l'association. Au total, le montant pris en charge par l'opérateur s'élève à 8 546,91 euros pour les deux factures. Sur les 12 771,91 euros initialement dus par l'association, cette dernière ne paiera, au final, que 4 225 euros. Ce qui représente une « ristourne » de près de 67 %.

Le directeur des systèmes d'information fait donc suivre cette proposition au président de la Croix-Rouge. Dans son e-mail, le directeur formule un avis favorable et « propose de donner notre accord sur cette proposition ».

M. Eledjam ne sera pourtant pas ravi de cette ristourne « exceptionnelle ». La chargée de mission de la présidence écrira un e-mail, que nous avons également pu consulter, dans lequel il est écrit que « le président a bien pris connaissance de cette proposition considérant cependant que les pratiques de cet opérateur ne sont pas louables, sur ces aspects-là au moins ». Plus loin, il est indiqué qu'il « souhaite prendre à sa charge la partie tablette » de ces factures. Un vœu resté, selon plusieurs sources au sein du bureau national, lettre morte. M. Eledjam n'aurait jamais payé ces surconsommations.

11

LES DISPARUS

Dans les couloirs de la Croix-Rouge se croisent des collaborateurs emplis d'une même motivation : leur engagement associatif sans faille. Pour l'ensemble des personnes interrogées durant cette enquête, entrer dans cette structure concrétise leurs objectifs professionnels et personnels. Ces salariés, ou ex-salariés, ont ainsi pu allier leur carrière professionnelle à leur conviction associative. Cependant, en passer la porte n'est pas chose aisée. Reconnue et respectée, elle compte un peu plus de 17 000 employés, mais tout le monde ne peut pas y décrocher une place. À travers notre enquête, nous avons aussi découvert qu'y rester peut parfois représenter un vrai défi.

Selon nos interlocuteurs, le président Eledjam serait relativement « cassant », surtout lorsqu'il serait « contredit » par l'un de ses collaborateurs. Éric Laurent, syndicaliste de l'association et représentant de la CFE-CGC, va même plus loin : « C'est d'ailleurs l'un de ses principaux traits de caractère. » « Il ne supporte pas les personnes qui viennent lui dire qu'[elles] ont un autre avis sur quelque chose », ajoute-t-il. Conséquence : une « valse des directeurs » serait à déplorer depuis l'arrivée du professeur Eledjam à la présidence. Un jeu de pouvoir serait donc mis en place pour assurer au roi de l'association la mainmise sur les décisions prises en son absence. Nous avons voulu comprendre comment ce turn-over se traduit dans l'organisation du pouvoir de la Croix-Rouge. Pour ce faire, nous avons comparé les organigrammes depuis la première élection du professeur Eledjam, en juin 2013. Force est de constater qu'il a bien changé entre les deux mandats. La thèse d'Éric Laurent se vérifierait-elle ? Nous allons le voir.

Premier constat : se procurer le nouvel organigramme, daté de 2018, n'est pas chose aisée. Si nous cherchons exclusivement à connaître l'intitulé des postes au siège de la Croix-Rouge, pas de problème. Les rapports annuels offrent une très belle infographie où l'on peut lire une multitude de petits acronymes, qu'il faudra ensuite prendre le temps de déchiffrer. En effet, on peut y lire les fonctions de DABE (directeur des activités bénévoles et de l'engagement), DROI (directeur des relations et des opérations internationales) ou encore DSI (directeur des systèmes d'information). Mais, depuis le rapport annuel de 2014, les noms des personnes occupant ces fonctions n'apparaissent plus dans ces documents en accès libre. La dernière archive publique, où tous les noms sont inscrits, date donc de 2013. Sur ces organigrammes ne subsiste aujourd'hui que le nom en gras du président : *« Pr Jean-Jacques Eledjam »*. Nous ne nous en doutions pas, mais commence alors un parcours du combattant pour se procurer un simple organigramme complet. Christelle Lambert-Côme, responsable des relations presse de l'association, refuse de nous le communiquer au motif qu'il s'agit d'un « document interne », ce qui ne semblait pas être le cas avant 2014. Elle nous oriente donc vers la directrice de la communication, Mme Witeska, rencontrée quelques semaines plus tôt. Mais elle ne répondra jamais, malgré nos nombreuses demandes. C'est finalement par nos propres moyens que nous trouverons ce document, pour établir un constat sans appel : les directeurs de 2013 ont bien disparu en 2018.

Le poste le plus instable est celui de directeur général, au plus près de Jean-Jacques Eledjam. Au fil des années, il a vu défiler de nombreux candidats – mais aucun occupant n'y a fait long feu. Pourtant, ce poste est primordial dans l'organisation de l'association. Ses statuts prévoient que « *dans le cadre de la délégation de pouvoir qui lui est confiée par le président après accord du conseil d'administration, le directeur général prépare et exécute les décisions et orientations arrêtées par les instances délibératives nationales* ». Non seulement le président a son mot à dire dans la nomination, mais les deux hommes parlent d'une seule et même voix. Ce qui aurait posé problème ici, selon Éric Laurent, représentant CFE-CGC, ce sont les désaccords.

Juin 2013, le nouveau président est élu. Jean-Jacques Eledjam fait son entrée au siège de la Croix-Rouge. Le directeur général s'appelle alors Olivier Lebel. Il accède à cette fonction en octobre 2012, sous la présidence de Jean-François Mattei, après avoir été directeur général adjoint pendant plus de trois ans. Mais cela ne semble pas convenir au professeur Eledjam. Dès son élection, il remercie Olivier Lebel. Pour trôner à ses côtés, il appelle rapidement Stéphane Mantion, issu du ministère des Affaires sociales et de la Santé. Mais deux années plus tard, en juin 2015, il est à son tour orienté vers la sortie par l'association. En plein scandale des heures supplémentaires[1], la Croix-Rouge aurait donc choisi le directeur général comme bouc émissaire, se justifiant par ce maigre argument : Stéphane Mantion et l'association auraient des « vues divergentes

1. Cf. chapitre 15.

et non réconciliables[1] ». L'homme fait donc ses valises, et c'est une femme qui prend sa suite : Annie Burlot-Bourdil. Alors directrice déléguée à la coordination et aux organisations, elle gagne des jalons. L'assemblée générale du mois d'octobre 2015 conforte sa nouvelle position et la sacre officiellement.

Mais ce règne sera de courte durée. Quasiment un an plus tard, elle disparaît de l'organigramme de direction. Nous sommes le 3 octobre 2016. Ce siège n'a pas le temps de refroidir puisque Jean-Christophe Combe prend la place quelques jours après, en intérim. L'homme fait déjà partie de la maison. Sa nouvelle place ne sera pourtant pas confortée en assemblée générale dans les mois suivants et ne lui sera officiellement attribuée que lors de la réélection de Jean-Jacques Eledjam, en juin 2017. Le poste de directeur général restera donc occupé par un intérimaire pendant neuf mois. Jean-Christophe Combe, toujours en poste aujourd'hui, est presque un survivant. Ce qui ne l'aurait pourtant pas empêché, selon nos sources, d'être très souvent menacé par son président[2].

Le calcul s'avère alors simple : trois années de présidence Eledjam (2013-2016), pour quatre directeurs généraux. Ces cadres se succèdent dans un va-et-vient incessant, mais aussi dans une ambiance délétère, selon le syndicaliste Éric Laurent. Ce n'est pas à l'amiable que ces départs se seraient négociés, bien au contraire. Certains auraient été remerciés à la va-vite, sur des affaires médiatisées, comme Stéphane Mantion. D'autres, comme Annie Burlot-Bourdil, seraient partis en arrêt maladie avant de finalement démissionner. Plusieurs points communs lient ces personnes, en dehors

1. *Les Échos*, « La Croix-Rouge remercie son directeur général », 9 juin 2015.
2. Cf. chapitre 6.

de l'emploi occupé à la Croix-Rouge : démission ou renvoi, la plupart ont signé des clauses de confidentialité qui les empêchent de raconter leur histoire. L'association préfère régler ses affaires entre les murs de l'ancien hôpital Broussais et ne rien laisser échapper.

La fonction de directeur général ne serait pas la seule à souffrir de cette valse, selon Éric Laurent. « Depuis son arrivée[1], tous les directeurs ont changé. » La fonction de directeur de cabinet est, elle aussi, entrée dans la danse. Le 1er juillet 2013, Frank Delaval[2] fait une nouvelle entrée dans l'association aux côtés de Jean-Jacques Eledjam, mais en ressort en février 2016. Pour sa succession, un homme connu dans les couloirs de la Croix-Rouge prend sa place, en intérim, Jean-Christophe Combe. Cette attribution serait officieuse, jusqu'à l'arrivée de son remplaçant. Mais ce dernier tarde à faire son entrée, car c'est près d'un an plus tard qu'un certain Guillaume Lesage arrive au siège de l'association pour occuper le poste de directeur de cabinet. Ce dernier n'a pas un parcours classique. Depuis mai 2011, il se fraie d'abord un chemin dans la sphère politique, au sein du parti UMP[3]. Mais Guillaume Lesage semble s'être découvert une vocation associative en avril 2017 et parvient à rejoindre la Croix-Rouge, et le président Eledjam. Si nos calculs sont exacts, nous arrivons à trois directeurs de cabinet en cinq années de présidence Eledjam.

Après s'être focalisés sur des postes en particulier, nous avons voulu avoir une vue d'ensemble du siège

1. Celle de Jean-Jacques Eledjam.

2. Cf. chapitre 6, « Petites trahisons entre amis ». Frank Delaval a déjà travaillé six ans pour la Croix-Rouge auparavant. Il fut responsable du développement et de la vie associative, chef de cabinet du président national, directeur de la communication et du développement des ressources.

3. Union pour un mouvement populaire. Ce parti s'appelle depuis mai 2015 Les Républicains.

de la Croix-Rouge. Avec notre organigramme, daté de juillet 2018, nous faisons un constat assez étonnant pour une association. Comparé au rapport annuel de 2013, 15 personnes différentes occupent des postes de directeur et apparaissent sur l'arbre du siège de la Croix-Rouge en dessous du nom du président, Jean-Jacques Eledjam. En 2018, le professeur a donc bien été réélu un an plus tôt et conforte sa place au sommet du document. Mais les autres noms sont quasiment tous différents. Le visage du siège de la Croix-Rouge est donc totalement bouleversé en seulement cinq années. Une valse sans précédent de cadres[1]. Dans une réorganisation assumée par les instances directives de l'association, il semblerait que ces dernières aient jugé bon de miser sur les compétences de nouvelles personnes pour occuper ces postes de directeurs. Ce qui pourrait être mis en lumière comme la preuve d'une certaine instabilité. Marc Gentilini, ancien président de l'association, déplore les mêmes conclusions dans une lettre ouverte le 19 juin 2017. Selon lui, « le temps et l'énergie dépensés dans une réorganisation permanente, devenue obsessionnelle à force de revirements, est source de souffrance ». Et d'ajouter ces mots : « Sans polémique, on peut affirmer que notre institution se porte mal. »

Dans le détail, l'organigramme laisse apparaître uniquement trois noms identiques entre l'année 2013 et l'année 2018. La directrice de la communication, Sandrine Witeska, est l'une des rares données constantes parmi les postes de direction. En 2018, elle occupe le même poste qu'en 2013. Sur ce tableau d'honneur, se place à ses côtés Laurent Bessède, gratifié d'une légère promotion. En 2013,

1. Selon M. Gentilini, il n'y a jamais eu une telle restructuration en si peu de temps au sein de la Croix-Rouge.

il est « délégué national aux affaires juridiques », mais en 2018, il est devenu « directeur » et s'ajoute à son poste la mention « contentieux ». Une évolution sémantique révélatrice des préoccupations nouvelles de la Croix-Rouge « version Eledjam ».

Du côté des postes de la direction de l'association, un seul homme fait son trou et monte les échelons, d'année en année. C'est Jean-Christophe Combe. Aujourd'hui directeur général de l'association, il est l'un des seuls rescapés, encore en poste aujourd'hui. Il gravite dans la sphère de Jean-Jacques Eledjam depuis son arrivée au pouvoir et est actuellement l'un des plus proches du président de la Croix-Rouge. Il y entre en avril 2011 comme directeur de cabinet du président Mattei, poste qu'il occupe pendant deux ans et trois mois. Sa position de directeur de cabinet lui est ensuite enlevée à l'arrivée de M. Eledjam à la tête de l'organisation, en juin 2013, à la faveur de Frank Delaval. Il reste cependant dans la maison en tant que directeur de l'engagement et de la vie associative. Et là, tout s'accélère. Il quitte cette fonction en novembre 2015 pour celle de directeur général adjoint. Un an plus tard, il devient directeur général par intérim pendant neuf mois, pour y accéder officiellement en juin 2017. Une belle ascension donc, dans un climat compliqué pour ses collaborateurs.

Le récit à ce sujet de Frank Delaval, proche de l'ancien directeur de cabinet, révèle que ces tensions auraient aussi pesé sur les épaules de Jean-Christophe Combe, dont le parcours semble, sur le papier, sans aucune ombre. Il aurait ainsi évoqué avec Alain Limoge[1] ses craintes pendant plusieurs années, n'ayant pas été épargné par les menaces quotidiennes de licenciement, sous l'égide

1. Ancien compagnon de Frank Delaval.

du président Eledjam demandant régulièrement sa tête à ses proches collaborateurs[1]. Aujourd'hui, sa place semble pourtant assurée. Mais à quel prix ? La disparition des directeurs aurait donc épargné quelques personnes, les laissant à l'abri pour leurs compétences, leur convergence de points de vue ou, plus simplement, leur aptitude à ne pas contredire la volonté du chef. Bienvenue au royaume du silence.

1. Nous avons invité Jean-Christophe Combe à réagir à ces propos. Nous avons reçu pour toute réponse un message de Mme Witeska, directrice de la communication, évoquant des « affirmations totalement fantaisistes ».

12

LE ROYAUME DU SILENCE

Ce chapitre relate de l'histoire vécue par Sébastien Thubert. Cadre dynamique, ancien salarié de la Croix-Rouge et ex-chargé de mission auprès du président régional d'Île-de-France (2011-2016), il est aujourd'hui sorti de l'association, par dépit.

Sébastien Thubert est la première pierre de notre édifice. Il est le premier que nous avons rencontré lorsque nous nous sommes lancés dans cette enquête. Nous sommes le 2 mars 2018 et nous l'attendons dans un café de Saint-Germain, à l'abri de la pluie. Arrivé l'air serein avec un intrigant dossier orange sous le bras, il nous serre la main le sourire aux lèvres avant que nous entamions les présentations. Nous ne savons pas encore où nous mènera cet entretien, mais une chose est sûre : le poste qu'il a occupé à la Croix-Rouge pendant plusieurs années lui permet de revendiquer une bonne connaissance des rouages de cette association. Une fois passées les quelques minutes d'usage nécessaires à un apprivoisement mutuel, nous entrons dans le vif du sujet.

Pour M. Thubert, les problèmes de la Croix-Rouge auraient débuté dès juin 2013 – date non anodine puisqu'elle coïncide une fois encore avec l'arrivée du nouveau président, Jean-Jacques Eledjam. Et les heures de l'association seraient encore plus sombres depuis le mois de juin 2017, soit la réélection du professeur montpelliérain à sa tête.

Le 23 juin 2017, Sébastien Thubert souhaite prendre part à un débat dans lequel il n'est pas le bienvenu, afin de, selon ses mots, « faire bouger les choses », et décide de se présenter à l'élection du conseil d'administration aux côtés de l'ancien président Marc Gentilini, à la tête de la Croix-Rouge entre 1997 et 2004. « Je voulais secouer un peu le pommier et soutenir M. Gentilini, qui était ulcéré par ce qui se passe dans l'association. » C'est effectivement le sentiment confessé par M. Gentilini[1] lorsque nous le rencontrons : « La Croix-Rouge est devenue inaudible, invisible et sans saveur, nous lance-t-il. Ce monsieur[2] a trompé tout le monde et s'est trompé lui-même », renchérit l'ancien président. Cette candidature au conseil d'administration, l'ancien président s'en était déjà justifié en juin 2017 dans une lettre ouverte : « L'engagement au service de notre mouvement m'a conduit à répondre aux sollicitations dont j'ai été l'objet, en me portant candidat au conseil d'administration. Cette candidature m'est dictée face à la fragilité dans laquelle se trouve la Croix-Rouge, un réengagement provisoire. » Mais nécessaire, selon M. Thubert. En nous racontant son histoire, l'ancien chargé de mission tient aussi à nous préciser un élément essentiel à ses yeux. Cette grande dame ne pourrait être assimilée à un royaume en déclin par ses actions, mais bien par les erreurs de celui qui en a été couronné roi : « Jean-Jacques Eledjam ».

1. Cf. chapitre 1, « L'homme invisible ».
2. Jean-Jacques Eledjam.

Le grand chambardement dont rêve Sébastien Thubert doit passer par la démocratie, et donc par les élections de juin 2017. Jean-Jacques Eledjam, pour sa part, se présente une nouvelle fois au bureau national dans l'idée de conserver le trône de la Croix-Rouge. Pour contrecarrer les plans du président élu, l'ancien chargé de mission s'allie à Marc Gentilini. Comme il est prévu dans le règlement intérieur de 2017, «*ne sont éligibles que les candidats qui auront déclaré par écrit au président national leur candidature quarante jours avant la date de l'assemblée générale*». Les deux compères déposent donc leur profession de foi en temps et en heure. Y sont exposés leurs motivations, leurs parcours et leurs points de vue sur le fonctionnement de l'association. Une plaidoirie que nous nous sommes procurée. Les mots de ces deux hommes, au sujet de la structure, sont éloquents et sonnent comme une mise en garde. Par exemple, les motivations de Marc Gentilini commencent par ces termes: «L'emblème est séduisant, mais ne le restera que si la Croix-Rouge, elle, est porteuse d'espérance, ce qui n'apparaît pas suffisamment, faute d'un cap clair et de moyens suffisants.» Et de conclure: «J'appelle à un débat salutaire afin de restaurer collectivement l'image d'une Croix-Rouge généreuse, premier organisme humanitaire de France, au service des plus démunis d'ici et d'ailleurs; se préoccupant réellement des tragiques priorités du moment.» Marc Gentilini parle avec nostalgie d'une Croix-Rouge qu'il a connue et qu'il pense disparue. Son point de vue sur le fonctionnement de l'association n'est pas plus clément. Il demande par exemple à «juguler d'urgence les déficits croissants», tandis que la Croix-Rouge se lance ces derniers mois dans une grande opération de déménagement[1].

1. Cf. chapitre 16, «Faites vos valises, on quitte Paris».

Sébastien Thubert connaît bien les rouages de l'association. Il sait donc comment se déroule une élection au conseil d'administration. « La coutume est de donner la parole aux personnes qui se présentent au conseil d'administration, quelques minutes suffisent, durant l'assemblée générale. » Sauf qu'en 2017 il n'aurait pu piper mot. Ayant quitté l'association depuis près d'un an et demi à ce moment-là, l'ancien chargé de mission prend donc contact par e-mail avec la personne en charge de l'organisation de cette élection. Après avoir reçu les éléments relatifs à sa candidature, Sébastien Thubert demande à son interlocuteur le déroulement de cette journée et l'interroge ensuite sur une possible prise de parole des candidats. « Avant, les prétendants prenaient la parole deux ou trois minutes chacun, mais cette année-là, ils ont décidé de changer les règles. » Pour justifier son refus, l'organisateur des élections s'appuie sur l'article 20 du nouveau règlement intérieur de l'association : « *Les candidats sont présentés par le secrétaire du bureau de l'assemblée générale [...].* » Or, si cet article semble nouveau, ce ne serait pas un réel changement. Dans le règlement en date de 2007, l'article 30 prévoit aussi la manière dont l'élection du conseil d'administration doit se dérouler. Entre les deux, seul un terme change : ce n'est plus la secrétaire nationale qui est en charge de la lecture de ces professions de foi, mais le directeur général. Pour Sébastien Thubert, ce changement n'appelle pas à la suppression pure et simple de la prise de parole – plus que d'une question réglementaire, il s'agirait là surtout d'un choix stratégique. « C'est une gouvernance verrouillée, dit-il dans une colère à peine mesurée. Finalement, les délégués[1] n'auront eu que les courts textes de profession

1. Présents lors de l'assemblée générale.

de foi que nous avons fournis plusieurs mois auparavant», indique-t-il. Et la secrétaire nationale se serait contenté de prononcer les noms des candidats, sans autre indication, à la différence de ce qui se faisait auparavant.

Interrogés à ce sujet, Sandrine Witeska, la directrice de la communication de la Croix-Rouge, et Guy Bernfeld, le directeur général adjoint, ont dû se lancer la balle à plusieurs reprises pour répondre à cette simple question: «Lors de cette élection, tous les candidats ont-ils eu la parole?»

S. Witeska: «Oui, complètement. Dans le cadre de l'assemblée générale tout le monde fait également une profession de foi.»

La directrice lance alors un regard furtif à son directeur général adjoint.

S. Witeska: «Enfin, j'ai un doute, normalement, il y a un petit tour de table?»

G. Bernfeld: «En tout cas, il y a eu l'envoi des professions de foi trois semaines avant l'élection.»

La réponse à notre question restera, donc, extrêmement flouc.

23 juin 2017. Jour d'élection à la Croix-Rouge. Près de 250 personnalités de l'association sont présentes pour renouveler le conseil d'administration de l'une des plus grandes associations de France. 31 personnes doivent être désignées ce jour, à bulletin secret, pour représenter durant les quatre prochaines années leur association. Les présidents régionaux, les présidents territoriaux mais aussi les délégués des territoires ont fait le déplacement à Paris pour connaître ces candidats. La secrétaire nationale prend alors la parole. Elle déclame les 38 noms des candidats en lice, leurs prénoms, leur âge, leur ville de résidence... 38 candidats donc, pour 31 sièges. Le choix n'est pas vaste. Deux scrutins différents ont alors lieu. Les membres

présents votent d'abord pour le premier collège[1] : 21 sièges pour 26 prétendants. Sébastien Thubert et Marc Gentilini ne sont pas concernés par ce tour. Second collège[2] : sont nommés 12 candidats, pour 10 sièges. Au premier peuvent se présenter des adhérents issus du réseau bénévole de la Croix-Rouge, au second sont éligibles toutes personnes qualifiées adhérentes ou non à l'association. Ce second collège permet donc à des personnes extérieures de prendre part aux décisions de l'organisation.

Selon M. Thubert, Jean-Jacques Eledjam aurait tout prévu. « Les dix autres candidats[3] face à Marc Gentilini et moi-même sont des proches » du président sortant. « Il avait pile le nombre de candidats. » Le vote a lieu, les bulletins sont remplis secrètement et remis pour dépouillement. Le verdict ne surprend pas l'ancien chargé de mission. Tous accèdent à un siège du conseil d'administration, sauf M. Gentilini et lui-même. « Nous avions mis en place un ticket, en cas de victoire, j'aurais voté pour Marc Gentilini », comme président de l'association. Mais les votes des membres de l'assemblée générale se sont réunis contre les deux hommes. Un comportement qui peut s'expliquer par la peur des membres d'aller à l'encontre

1. L'article 15 des statuts de la Croix-Rouge précise : « *Premier collège : vingt et un membres élus par l'assemblée générale, selon les modalités prévues dans le règlement intérieur, dont un issu des délégations d'outre-mer. Tous les adhérents à jour de cotisation à la date de convocation de l'assemblée générale sont éligibles [...].* » L'un, au moins, des deux vice-présidents doit être issu de ce premier collège.

2. Le même article poursuit : « *Deuxième collège : dix personnalités, adhérentes ou non de l'association, élues par l'assemblée générale, selon les modalités prévues dans le règlement intérieur, en raison de leurs compétences dans les domaines d'activités de l'association. À compter de leur élection au conseil d'administration, elles peuvent acquérir la qualité d'adhérent de l'association pour la durée de leur mandat au sein de la structure d'adhésion de leur lieu d'habitation principale.* »

3. Au second collège.

des volontés du chef, ou encore par les tractations opérées en coulisses.

Mais l'histoire ne s'est pas déroulée comme prévu. Évincés par leurs anciens collègues, ils n'ont donc plus accès au vote final. En effet, au sein de la Croix-Rouge, c'est le conseil d'administration – élu par les 250 membres de l'assemblée générale – qui désigne ensuite le bureau national, qui vote ensuite pour choisir le nouveau président de l'association pour les quatre prochaines années. En juin 2017, Jean-Jacques Eledjam est bien sûr candidat à sa propre succession, mais « il n'est pas le seul candidat, affirme Sandrine Witeska. Nous sommes une grosse maison démocratique. » La directrice de la communication évoque alors avec nous une élection qu'elle voit comme un plébiscite. « Jean-Jacques Eledjam est réélu président à l'unanimité », indique-t-elle fièrement. Mais ajoute tout de même, face à notre étonnement, qu'il y avait peut-être « deux ou trois abstentions ». Des non-votes, donc, et non des votes contre.

Cette victoire n'est pas étonnante, pour Sandrine Witeska : « [Jean-Jacques Eledjam] a voulu impulser une nouvelle ère. » Un chemin qui, en quatre ans (2013-2017), aurait convaincu quasiment 100 % de ses électeurs du 23 juin 2017. Autre point fort de son président : « L'organisation le connaissait mieux que tous ses prédécesseurs », ajoute la directrice de la communication. Notamment parce qu'il venait « du terrain » et a monté les échelons de l'association.

Pour Sébastien Thubert, le problème actuel de la Croix-Rouge viendrait aussi de là. En cause, la manière dont ce président a accédé au trône tant convoité. « Avant, le président venait de l'extérieur pour rééquilibrer un système un peu clanique. » Ce fut le cas de Jean-François Mattei :

médecin, mais aussi homme politique français. Avant de présider la Croix-Rouge (2004-2013), il fut ministre de la Santé, de la Famille et des Personnes handicapées. Il fut aussi député et conseiller général des Bouches-du-Rhône. Son prédécesseur, Marc Gentilini, est membre de l'Académie de médecine et exerce à l'hôpital de la Pitié-Salpêtrière. Il n'entre à la Croix-Rouge qu'en 1997, en tant que président. Si certains critiquaient vivement la « politisation » de la fonction de président de la Croix-Rouge – dont la nomination était poussée par l'Élysée et Matignon –, d'autres, parfois les mêmes, regrettent aujourd'hui le fonctionnement d'antan. À cette vision s'oppose celle défendue par Sandrine Witeska, rencontrée dans les murs de l'association : « Avant, le président était quasiment désigné en Conseil des ministres, aujourd'hui, nous sommes revenus dans un univers démocratique. » Le peuple de la Croix-Rouge aurait donc reconquis le pouvoir. La directrice de la communication met en avant le parcours de Jean-Jacques Eledjam, élu après deux ans au conseil d'administration. Pour elle, il serait l'emblème de cette nouvelle ère démocratique.

Au contraire, pour Sébastien Thubert, l'association serait plutôt entrée dans l'ère du silence. En essayant de mener une sorte de révolte, il s'est heurté à une entité muette dans laquelle les voix discordantes sont dénigrées.

Les représentants de la Croix-Rouge que nous avons pu rencontrer s'en défendent. Au contraire, leur vision de l'association est celle d'une organisation fondée sur le principe démocratique. « Il y a 5 000 élus », commence Guy Bernfeld. « La gouvernance et le management ont donc besoin de toutes les voix pour avancer », renchérit Sandrine Witeska. En effet, en raison de son organisation pyramidale, l'organisation doit réussir à communiquer de sa base jusqu'au sommet de ce grand royaume.

En bas de l'édifice, on trouve les unités locales et leurs bénévoles, qui représentent les fondations. Au-dessus d'eux se succèdent, vers le sommet de cette pyramide, les délégués territoriaux, les présidents de territoire, puis les présidents de région. Aux portes du royaume, tout ce beau monde rencontre les différents directeurs, et à leur tête le président de la Croix-Rouge. Le président et le bureau national sont responsables devant le conseil d'administration. Cette organisation entraînerait, de fait, la présence d'une « opposition » à la politique menée par M. Eledjam, selon Sandrine Witeska, « même si elle est, par définition, minoritaire ». « Comme nous sommes une entité démocratique, c'est normal », renchérit Guy Bernfeld. Cette opposition est jugée, lors de cet entretien, comme bénéfique et nécessaire à la survie de l'association.

Il semblerait pourtant, selon le récit de Sébastien Thubert, que, dans la pratique, il soit difficile de critiquer ouvertement la Croix-Rouge et sa présidence. Le 20 juin 2016, Sébastien Thubert décide de faire suivre une lettre ouverte à *Mediapart*[1] pour qu'elle soit diffusée. Le média accepte et rend publics les propos de l'ancien chargé de mission. Dans ce courrier, il dénonce différents points : les finances, l'organisation ou encore la gestion des ressources humaines de l'association. Ces propos faisant l'objet d'une procédure en cours au moment où nous écrivons ces lignes, nous ne pouvons les diffuser entièrement. L'ancien chargé de mission explique qu'une partie de ces difficultés incombe au président en place. Ce qui lui vaudra donc une convocation judiciaire. Le 26 octobre 2016, Sébastien Thubert reçoit une lettre du juge d'instruction. La Croix-Rouge

1. *Mediapart*, « Lettre ouverte au Pr Jean-Jacques Eledjam, président de la Croix-Rouge française », 20 juin 2016.

porte plainte pour « injures publiques » envers l'association mais aussi envers la personne de Jean-Jacques Eledjam. Thubert est convoqué le 7 novembre 2017, mais l'affaire ne sera jugée qu'en octobre 2019.

Le cas Thubert n'est pas isolé. La Croix-Rouge aurait régulièrement recours à la justice[1]. C'est l'une des raisons de la forme prise par cette enquête. Nous avons rencontré beaucoup de témoins attestant du tournant pris par l'association ces dernières années. Des sources qui disent vouloir défendre une organisation à laquelle elles tiennent, encore aujourd'hui, mais qui ne supportent plus l'attitude des dirigeants actuels, dont celle de son président depuis juin 2013.

1. Cf. chapitre 2, « L'élection d'un roi ».

13

FAUT PAS LAISSER LES SYNDICATS DANS UN COIN

« Ah, mais vous, les salariés, vous êtes toujours suspicieux. » Cette phrase reviendrait régulièrement dans la bouche d'un homme que l'on commence à connaître : M. Jean-Jacques Eledjam. Il la prononcerait, selon plusieurs de nos sources, lorsque des représentants des salariés prennent la parole lors des conseils d'administration. Elle s'accompagnerait, habituellement, d'un lever d'yeux au ciel comme pour prendre à témoin un être bien plus puissant que lui. Mais les syndicats n'entendent pas arrêter d'être « suspicieux ». Pour eux, si la Croix-Rouge est dans l'obligation de diversifier ses ressources, elle ne doit pas y perdre son âme ni délaisser ses salariés. Deux mondes qui visiblement discutent difficilement.

Une de nos interlocutrices, déléguée syndicale au niveau national, regrette le virage pris par la Croix-Rouge ces dernières années. « Je suis entrée en 2001 à la Croix-Rouge, et ça a créé en moi une vocation de syndicaliste parce que je pensais pouvoir m'exprimer pleinement sur la condition humaine des salariés, nous raconte-t-elle. Mais avec l'élection de M. Mattei, l'atmosphère a commencé à changer.

Le vocabulaire de l'entreprise devenait plus présent. Il y a eu une libéralisation des activités et du fonctionnement de l'association. Et M. Eledjam est arrivé avec ces objectifs-là, dès 2013. Il a rabaissé le droit des femmes puisque le congé d'allaitement a été supprimé, il a raboté la prime de fin d'année pour les personnes en arrêt maladie, il a revu les indemnités de départ à la retraite à la baisse... C'est regrettable parce qu'on aime notre métier, on est fiers de travailler pour cette organisation, mais on va au travail chaque matin en nous demandant ce qu'ils[1] nous ont encore inventé. »

Exemple pris de la suppression du congé d'allaitement. Cette mesure fait grand bruit au sein du monde syndical de la Croix-Rouge en mars 2013. SUD[2] parle alors, dans un communiqué, « [de] reculs inacceptables et [de] mépris pour l'ensemble des salarié-e-s », et d'ajouter : « C'est bien à un recul social sans précédent auquel on assiste, à une attaque violente contre des acquis conventionnels, les salaires et les conditions de travail. » Malgré une bataille sociale engagée, l'association ne plie pas. En octobre 2013, la direction publie un avenant à sa convention collective[3]. À l'article 7.2.10, les 3e et 4e alinéas sont supprimés. Ils indiquaient : « *À l'issue du congé de maternité, la salariée en congé parental d'éducation a la faculté de demander sur justification, une indemnité d'allaitement. Cette indemnité est égale à un demi-salaire net pendant les 6 premiers mois du congé parental d'éducation.* »

En clair, le congé d'allaitement pour les femmes est supprimé. Ni plus, ni moins. Face aux différentes critiques des

1. Les dirigeants.
2. Union syndicale Solidaires.
3. La convention collective date de 2003. Elle a été renégociée en 2013.

organisations syndicales, la Croix-Rouge se justifie dans ce même avenant en évoquant un contexte économique et budgétaire difficile. La présidence Eledjam a donc bien apposé sa signature sur un bouleversement social sans précédent à la Croix-Rouge. Cependant, ce virage avait déjà été entamé au début des années 2010, sous l'impulsion du président Jean-François Mattei.

Jusqu'à l'élection du professeur Mattei à la tête de la Croix-Rouge, chacun des cinq syndicats était représenté avec voix délibérative au conseil d'administration. Un contrepoids nécessaire qui permettait aux salariés de faire entendre leurs voix face à la direction de l'association. Entre 2012 et 2017, sous l'impulsion de Jean-François Mattei et des recommandations du Conseil d'État – qui refuse qu'on différencie membres délibératifs (bénévoles) et consultatifs (salariés) –, les représentants des salariés n'ont plus le droit d'assister aux conseils d'administration, de même que les représentants des différents ministères, dont ceux de la Santé et de l'Intérieur. Le 27 juin 2015, l'assemblée générale de la Croix-Rouge semble faire marche arrière et vote une réforme de ses statuts à la demande de la présidence. Cette réforme est approuvée par arrêté du ministère de l'Intérieur le 3 mai 2016 et publiée au *Journal officiel* huit jours plus tard. Concrètement, les nouveaux statuts de la Croix-Rouge, de la période 2017-2021, indiquent que tous les syndicats disposent désormais de deux représentants au conseil d'administration – qui comprend 31 membres. Ils peuvent désormais assister aux séances plénières « *en qualité d'invités* ». Autrement dit, ils n'ont ni le droit de vote, ni le droit de participer aux commissions. Selon une source syndicale, cette instance n'est devenue qu'une « simple chambre d'enregistrement » des volontés du bureau national. « M. Eledjam a quand même permis aux représentants des salariés d'assister de nouveau au conseil d'administration. Enfin, ça ne coûte rien de donner ce droit à des personnes bâillonnées qui n'ont droit ni à la parole, ni de s'émouvoir publiquement des textes votés, car, même anonymement, les dirigeants les reconnaîtraient immédiatement. Ils ne sont que deux ! » poursuit cette source. Un argument vivement dénoncé par la Croix-Rouge, qui défend son « fonctionnement démocratique » et qui se décrit, publiquement, comme « le lieu de la démocratie par excellence ».

Pourtant, selon différentes sources syndicales, le président Eledjam lui-même n'accorderait que peu d'intérêt aux syndicats. « On l'a rencontré en tout et pour tout, entre 2013 et juillet 2018, à deux reprises », nous explique Éric Laurent, délégué syndical CFE-CGC. Sous les présidences précédentes, leurs entretiens étaient « bien plus réguliers », selon lui, bien qu'aujourd'hui ils échangent régulièrement avec la direction, notamment dans le cadre du CCE[1]. « La première fois, poursuit Éric Laurent, c'était en juin 2013, juste après son élection, dans une salle de réunion du siège. Il nous a fait une présentation de ses projets. Ça s'est plutôt bien passé. Et la deuxième fois, c'était en décembre 2016 pour nous annoncer qu'il était candidat à sa propre succession. Pour être sûr qu'on avait bien compris, il nous l'a répété 7 ou 8 fois. Et le reste de nos discussions ne l'intéressait absolument pas. Il entamait le sujet, pour la forme, mais s'arrêtait net quelques minutes plus tard. » Depuis qu'il a été réélu, Éric Laurent n'a pas eu la chance de voir de nouveau le président. Pas

1. Comité central d'entreprise, qui organise quatre réunions par an réunissant les différents représentants syndicaux et des membres de la direction nationale chaque année dans le but de « *contribuer au développement du dialogue et de la concertation sociale* », selon la Convention collective.

plus que d'autres délégués syndicaux que nous avons interrogés. « Nos principaux interlocuteurs sont donc le directeur général, M. Combe, et le directeur des ressources humaines, M. Canonne », précise Éric Laurent.

Depuis cette restructuration, le conseil d'administration a changé de visage. Ses membres sont désormais de purs technocrates. Une de nos sources, bien informée, témoigne : « Quand on veut poser une question sur les conséquences sociales, le président prend la parole et dit au responsable de service en charge de répondre : "Vous répondez à toute la partie technique, mais pas sur la partie sociale." » Une autre source bien informée nous indique que sur un rapport de 6 ou 7 pages rédigé par les représentants des salariés, le président du comité central d'entreprise n'en lirait que « 5 à 6 lignes » devant les administrateurs, dont le premier d'entre eux, M. Eledjam.

« On occulte au conseil d'administration toute la partie salariale alors que les administrateurs ont une responsabilité intégrale dans ce qu'ils votent, qui va de la partie financière à la partie salariale. Là, ils votent à l'aveugle, s'indigne une de nos sources syndicales. M. Eledjam ne veut pas que les administrateurs puissent réfléchir par eux-mêmes. Les décisions sont prises au bureau, elles sont prémâchées, et le conseil d'administration n'est qu'une chambre d'enregistrement. » Les syndicats dénoncent notamment le fait qu'une « cour », formée d'administrateurs, se soit constituée autour du roi Eledjam. « La plupart sont en admiration devant M. Eledjam, nous confie cette source syndicale. Ils ont été triés sur le volet avec le fichage des bénévoles qui a eu lieu juste avant l'élection en 2017. Donc, Eledjam avait déjà fait le tri. Ceux qui sont là sont complètement béats devant lui. C'est la royauté. » Un fichage de bénévoles à la Croix-Rouge ?

De quoi faire tiquer plus d'une personne. De fait, plusieurs de nos sources ont évoqué avec nous un document caché où les noms et certaines compétences de bénévoles de la Croix-Rouge seraient répertoriés, dans une légalité plus que discutable. La sélection de l'entourage du président Eledjam ne se serait donc pas faite au hasard.

14

PETITS MAUX (MOTS), GRANDES CONSÉQUENCES

La Croix-Rouge est une association à but humanitaire, fondée en 1864. Cette phrase pourrait résumer l'idée que nous avons de cette grande et belle organisation : « *Vous avez envie de vous engager dans une action humanitaire de proximité ? Vous avez le goût de l'entraide, le sens de l'accueil mais aussi des qualités d'organisation et d'animation ?* » Sur son site, rubrique « Je m'engage », la Croix-Rouge clame haut et fort que nous avons raison d'y croire. Oui, mais... Qu'est-ce qu'une association humanitaire ? L'adjectif « humanitaire » qualifie celui qui « s'intéresse au bien de l'humanité, qui cherche à améliorer la condition de l'homme », selon la définition du dictionnaire Larousse. Pour la Croix-Rouge, c'est plus de 59 000 bénévoles et 17 000 salariés qui font vivre cette association et ces principes.

Néanmoins, un document semble apporter une ombre à ce tableau pourtant idyllique et il pourrait entacher la ligne directrice d'une telle association. En effet, nous avons eu connaissance de l'existence d'un tableur où sont répertoriées un nombre incalculable de données concernant les collaborateurs. Lorsque l'on accède à ce document Excel, *a priori*, rien ne semble choquer : il s'agit d'un simple document informatique sobrement intitulé « Suivi de territoire » qui reprend tout d'abord les noms et fonctions des collaborateurs et collaboratrices ainsi que leurs affectations, postes et mouvements au sein de l'association. En première page, sont énumérées des missions ainsi que leurs dates et leur objet. Viennent ensuite, sur le même modèle : intitulé de la structure, avec un encadré à droite appelé « Élus et responsabilités » (où sont classés par postes les collaborateurs), et un autre nommé « Prochaines missions ». Jusqu'ici tout va bien. Oui, mais – parce qu'il y a bien un mais – une autre rubrique attire notre attention : « Commentaires/contextes ». Et c'est là que les choses se corsent. Les indications mémorisées semblent être plutôt contestables.

Nous avons eu accès à ce document grâce à l'une de nos sources[1] qui nous a laissé le soin de découvrir l'étendue du problème. 35 onglets qui cachent d'étranges commentaires.

Il y a dans un premier temps les commentaires désobligeants, personnels, sur des collaborateurs de la Croix-Rouge du Grand Ouest. Au sein de la délégation des Pyrénées-Atlantiques, une personne est décrite comme « manipulatrice », un autre en Corrèze serait « inconséquent », dans la Creuse, un collaborateur serait même « colérique, et rigide ». Un fichier qui permettrait simplement de mieux connaître les personnes travaillant avec et pour la Croix-Rouge dans le Grand Ouest, selon la directrice de la communication, Sandrine Witeska[2], qui en parle comme d'« un simple tableau de bord ». Idée que semblent partager les rédacteurs de ce document, car en

1. Nous l'avons rencontrée le 28 mars 2018 à Paris.
2. Entretien réalisé le 27 juin 2018 au siège de la Croix-Rouge française.

Corrèze un individu serait « parfois frondeur mais loyal », tandis que son collègue serait « jeune et dépensier ».

L'adjectif « frondeur » apparaît à plusieurs reprises dans les différentes pages. Toujours précédé de la conjonction « mais ». À en croire la définition du Robert, qui écrit « fronde : révolte, un esprit de fronde qui agite la classe », un tel qualificatif ne serait pas tout à fait favorable aux personnes concernées. En effet, les critiques ouvertes sur la manière de gouverner la Croix-Rouge ne sont pas appréciées.

Quelques onglets plus loin, cela semble se confirmer à travers d'autres commentaires plus que subjectifs : « gentil mais grande gueule », « attention avec l'actuel [poste occupé] très directif », « investi, mais amer en fin de mandat, dommage ». Selon *Le Canard enchaîné*, ce fichier aurait eu un but électif. En effet, ce tableau apparaît sous le mandat du président Mattei et perdure durant celui de Jean-Jacques Eledjam. En 2015, il est découvert, puis disparaît. Quelques mois plus tard, en juin 2017, le président actuel brigue un nouveau mandat à la tête de la Croix-Rouge et compte bien le remporter. Dans le cadre de ce nouveau tour, connaître ses adversaires potentiels – leurs défauts, leurs qualités, mais aussi leurs alliés – est primordial.

Cela se confirme lorsque nous lisons l'onglet 17, indiquant le département de la Charente-Maritime : « Admin national est proche de... contre le président. » Dans la Creuse, le rédacteur de ce fichier indique que « [...] n'est pas sûr de se présenter » aux élections. Il n'est pas précisé de quelle élection il s'agit. En Dordogne, la personne en charge de la fiche pense important de préciser que l'un des administrateurs du département est « au chômage » mais qu'il est « toujours à la Croix-Rouge française », qu'il « a postulé plusieurs fois à la fonction d'administrateur réseau, et qu'il brigue la présidence», du département. Et puis il semble important de préciser que «le nom de [...] émerge pour la présidence du département» de la Haute-Vienne, lui-même porté par un collaborateur dont le nom est précisé, bien sûr.

Lors de notre rendez-vous au siège de l'association le mercredi 27 juin à 18h30, où nous pensions jusqu'à la veille au soir encore rencontrer le président, Jean-Jacques Eledjam, nous avons pu nous entretenir avec deux haut placés de la Croix-Rouge: Mme Sandrine Witeska, directrice de la communication, ainsi que M. Guy Bernfeld, directeur général adjoint.

Questionnée au sujet du fameux tableau, Sandrine Witeska prend la parole la première, avec assurance, sur un sujet qu'elle semble maîtriser sans aucun doute. Elle affirme tout d'abord avoir bien vu ce document en 2015, mais juge que «la presse a exagéré». Bien entendu, nous avons aussi pu le consulter mais notre interlocutrice ne semble pas s'en douter au moment où nous posons nos questions. Lorsque nous lui parlons des termes de «frondeur» et de «manipulatrice», elle répond en haussant la voix, d'un air extrêmement acéré:

«Jamais, je l'ai lu et il n'y a nulle part le mot "frondeur" inscrit.

– Vous en êtes sûre? insistons-nous, quelque peu étonnés d'un tel aplomb.

– Oui, j'en suis certaine, il n'y a pas "frondeur", rétorque-t-elle.

– Et pour ce qui est de "manipulatrice", est-ce inscrit? demandons-nous.

– Euh, je ne crois pas, enfin, non, enfin, il me semble vraiment pas.»

L'armure commence à se fendre et l'hésitation à poindre. Nous, nous pouvons vous l'assurer : « frondeur » et « manipulatrice » font bel et bien partie du vocabulaire des trois chargés de mission ayant écrit tous ces renseignements dans un fichier.

Une autre « précision » apportée par ces commentaires nous interloque, « au chômage ». Sans aucune hésitation, et même sans y être amenée, Sandrine Witeska aborde le sujet. « Ce qui a été soulevé est que l'un des présidents était indiqué comme sans emploi, c'est normal. » Surpris, nous lui demandons de préciser, elle poursuit, inébranlable : « Quelqu'un sans emploi va se surinvestir, il va être hyper-présent dans son unité locale, car il a le temps. Sauf que cette personne cherche un emploi. » Pour l'instant nous ne semblons pas saisir son explication, mais la directrice poursuit en ces termes : « Et le jour où il va retrouver un emploi, il ne va pas pouvoir passer autant de temps à l'association et cela va déséquilibrer l'organisation sur place. C'était donc vraiment un outil de suivi. » En d'autres termes, notre interlocutrice soutient que le fait de préciser la situation personnelle d'un bénévole est bénéfique pour son unité.

Cela ne s'arrête pas là. Les informations contenues dans cette mine « de charbon » sont si hétérogènes qu'il nous a fallu les classer. Après les catégories « Commentaires désobligeants » et « Oppositions politiques », nous arrivons finalement à celle des commentaires « Ressources humaines ».

« [...] Ne démissionnera probablement pas, actions à prendre » – Charente-Maritime.

« Avril 2016-juin 2016, mission siège, pas bienvenus » – Corrèze.

« Attention certaines personnes [...] rechignent à rendre des comptes » – Vienne.

Une fois cette esquisse entamée, il faut continuer à la parcourir pour (enfin) découvrir toutes les rivalités, gravées dans le marbre grâce à ce catalogue.

« Administrateur national proche de [...] » – Charente-Maritime.

« Ennemi de [...], après dur conflit » – Gironde.

« [...] et [...] mariés » – Gironde.

Interrogés au sujet de ces précisions, Guy Bernfeld et Sandrine Witeska nous offrent une petite leçon sur l'animation d'un tel réseau. « C'est-à-dire qu'il y a des unités locales, dans chaque département, il faut pouvoir suivre les actions et la vie locale. C'est ce que font les trois rédacteurs en question pour que tout se passe bien. » Noter la situation maritale de certaines personnes entrerait donc, selon eux, dans ce fonctionnement. « Nous avons dans nos statuts un certain nombre de règles dont celles des alliances maritales. En fait, c'est une question de celui qui commande, c'est celui qui paie. » Selon Mme Witeska, ce serait donc pour éviter toute forme de connivence que l'on préciserait qui est marié avec qui. « Un président ne peut pas être marié avec un trésorier », ajoute-t-elle. Précisons que les deux époux, ici, n'étaient pas respectivement président et trésorier de leur unité locale. Mais pour la représentante de l'association, « cela permet d'éviter les conflits d'intérêts, c'est du bon sens ». Et M. Bernfeld d'appuyer ce propos : « D'autant plus qu'un dysfonctionnement, ça peut avoir de graves conséquences. »

La Croix-Rouge s'est déjà défendue à ce sujet dans la presse auprès de nos confrères du *Canard enchaîné* et du *Figaro*. Lors de notre entretien avec Sandrine Witeska et Guy Bernfeld, la même ligne de défense a été empruntée. L'association affirme qu'elle n'utilise plus ce fichier depuis 2015. « Dès que l'histoire est sortie dans la presse, nous avons cherché à savoir de quoi il s'agissait», explique la directrice de la communication et du développement des ressources. «Nous avons eu beaucoup de mal à remonter à la source d'ailleurs. Il s'est avéré que ce sont trois chargés de mission de l'Ouest qui l'utilisaient. Une fois trouvé, nous l'avons lu et tout de suite fait fermer.» Mme Witeska tient même à préciser que les trois protagonistes «se sentaient très mal et coupables», après la découverte de ce fichier. La directrice de la communication affirme que ce fichier ne fut partagé que par ces trois chargés de mission et, donc, que la direction n'y avait pas accès. «Il n'était donc ni au management, ni à la direction générale, ni à la gouvernance.» Impossible, ici, d'affirmer avec certitude qu'ils aient agi de leur propre initiative, mais cela semble «peu probable», selon un ancien cadre de l'association que nous questionnons à ce sujet. Aujourd'hui, Mme Witeska assure que de tels fichiers n'existent plus à la Croix-Rouge, mais l'organisation utilise d'autres outils informatiques «plus pertinents».

Toujours selon Mme Witeska, le document aurait été déclaré «immédiatement» à la Commission nationale de l'informatique et des libertés (CNIL). «Ils l'ont étudié et n'ont rien trouvé à redire.» Aucune infraction donc, selon la CNIL. Nous avons alors contacté la Commission, essayant de nous procurer ce rapport, en date du 25 janvier 2017, que Sandrine Witeska n'avait pas souhaité nous communiquer. Cependant, «la consultation [serait] privée», selon notre interlocuteur de la CNIL, l'association serait tout à fait en droit de nous refuser son accès. Nous ne pourrons donc pas vérifier l'expertise de l'organisme au sujet de cette affaire de fichage.

L'air soulagé, Sandrine Witeska nous affirme ensuite que les trois personnes mises en cause n'ont pas été écartées de la Croix-Rouge, mais souligne que des leçons ont été tirées de cette fâcheuse histoire. « Pour prévenir ce genre de situation, il y a eu un gros travail de fait. On a fait remonter tous les fichiers pour être sûrs qu'on était vraiment dans les clous. On a fait un audit interne, puis une formation au niveau des managers et du management intermédiaire en expliquant ce que l'on pouvait écrire ou non » dans ce genre de fichier. Plusieurs heures ont été nécessaires à cette « formation », et un budget a été débloqué. Mais nous ne saurons pas son montant. Beaucoup d'agitation, donc, pour une affaire qualifiée d'« exagérée par la presse » en début d'entretien par Mme Witeska.

L'association ne serait par ailleurs pas la seule à utiliser ce genre de fiches. Pourtant, la loi stipule que la tenue d'un répertoire contenant des informations à caractère personnel est soumise à des conditions[1]. Des précédents ont déjà fait grand bruit. Au banc des accusés, la Croix-Rouge est assise aux côtés d'Ikea France, France Télévisions, ou encore Lufthansa. En décembre 2017, la CGT a lancé une procédure contre Leroy Merlin. Dans ce cas, il est question de commentaires sur les salariés tels que « big big boulet », « branleur », « vicieux » et bien d'autres. Les patrons de l'enseigne ont alors déclaré ne pas avoir eu connaissance de ces listes, cela aurait été à l'usage exclusif et « clandestin » des responsables des plateformes dans la Drôme. Une affaire ressemblant étrangement à celle de la Croix-Rouge.

1. Loi n° 2018-493 du 20 juin 2018 relative à la protection des données personnelles.

Comme nous avons pu l'aborder dans plusieurs chapitres précédents, les démissions et les arrêts maladie[1] sont aujourd'hui plus que courants au sein de la Croix-Rouge, d'autant que les salariés de l'association sont très sollicités. Au point, parfois, de ne pas respecter la législation.

1. Voir l'article de *Marianne* intitulé « Casse sociale, mauvaise gestion : la Croix-Rouge s'enfonce dans le malaise » daté du 18 octobre 2016.

15

1 + 1 + 1 + 1 : LES HEURES SUPPLÉMENTAIRES

Assis dans un vaste bureau sans charme au sein du siège de la Croix-Rouge, face à la directrice de la communication, Sandrine Witeska, et au directeur général adjoint, Guy Bernfeld, nous en venons au sujet des heures supplémentaires, révélé dans la presse en mai 2015[1]. Interrogés à ce sujet, nos interlocuteurs ont une première réaction pour le moins étonnante. « Ah, vous faites vraiment de l'archéologie », nous lance tout sourire Guy Bernfeld. « Oui c'est clair, c'était il y a plus de trois ans », poursuit Sandrine Witeska. C'est certain, la complicité entre ces deux collaborateurs est de mise, et la ligne de conduite est parfaitement tracée.

Après les révélations du journal *Le Parisien*, la Croix-Rouge prend officiellement la parole, sans tarder, pour mettre en place une ligne de défense. Trois ans plus tard, les réponses sont identiques, les éléments de langage sont bien connus. Sandrine Witeska, déjà directrice de la communication au moment de l'affaire, nous explique que ce problème n'était pas nouveau au sein de l'association. La question

1. Cf. page 33.

des heures supplémentaires s'est posée « avant l'arrivée du professeur Jean-Jacques Eledjam » à la présidence (en 2013). Son argumentaire se fonde sur un fait important. Selon elle, la Croix-Rouge n'est pas la seule à devoir faire face à cette problématique. « Le cadre de la loi n'est pas adapté à nos missions [en tant qu'association] ni à celles de la Croix-Rouge, ni à celles des pompiers ou de Médecins sans frontières », souligne-t-elle pour appuyer son propos. L'objectif : ne pas pointer la Croix-Rouge comme seule fautive dans cette histoire. Sandrine Witeska clôt son argumentaire par une vérité qu'elle semble penser imparable : « Nous avons des salariés très engagés. J'ai vécu des crises ici, et, dans ces moments-là, vous ne pouvez pas les mettre dehors. L'urgence, cela fait partie de l'ADN [de l'association]. C'est pour cela que le problème n'a pas été pris en compte plus tôt. »

Au moment de la révélation des faits, le vent du scandale se fait sentir dans les coulisses de la Croix-Rouge. Camille a évoqué avec nous cette période : « Nous savions que l'article du *Parisien* n'était que la première vague. D'autres allaient suivre. » Les équipes sont remobilisées pour faire face. À ce moment-là, il faut tenter de sauver l'image de l'association, même si certains sacrifices doivent être faits. Stéphane Mantion, le directeur général de l'époque, est poussé vers la sortie le 9 juin 2015. Un départ officialisé dans les médias par cette simple explication : l'organisation et l'homme auraient « des vues divergentes et non réconciliables[1] ». Cette mise en scène d'un coupable idéal n'a pas tardé. Elle permet à la Croix-Rouge d'éteindre, au moins pour un temps, l'incendie.

Côté syndicats, l'affaire est rapidement prise en main. Éric Laurent, représentant CFE-CGC, se positionne comme

1. *Les Échos*, « La Croix-Rouge remercie son directeur général », 9 juin 2015.

porte-parole des salariés. Les négociations sont ouvertes entre la direction et les organisations syndicales. Au final, la Croix-Rouge ne verse pas les 11 millions d'euros annoncés par *Le Parisien* en mai 2015. Les employés plaignants se voient attribuer la somme d'un peu plus de 300 000 euros. Elle a été versée sur le compte épargne-temps de la plupart des salariés. Sandrine Witeska se félicite, encore aujourd'hui, de cet accord. Mais, pour Éric Laurent, cette affaire a toujours un goût amer. « Que l'on soit clair, j'ai négocié avec la direction un accord d'indemnisation des salariés. Il ne portait pas sur les heures supplémentaires directement, mais sur le nombre d'infractions relevées par l'inspection du travail. » Selon lui, les salariés auraient pu aller aux prud'hommes pour demander un dédommagement de ces heures supplémentaires pour faire valoir leur droit. Mais cela n'a pas été le cas.

Une partie, seulement, des amendes a donc été payée par l'association après négociation avec les syndicats, car, officiellement, plus de 3 800 infractions ont été relevées. Chacune d'entre elles aurait pu coûter jusqu'à 750 euros à l'association, selon le Code du travail[1]. Au bout du compte, la Croix-Rouge aurait pu verser jusqu'à 2 850 000 euros, au lieu des 300 000 euros annoncés, simplement pour indemniser ces infractions. Un accord arrangeant, donc, pour l'association.

Autre volet de ces discussions, les organisations syndicales et la direction ont souhaité trouver une solution pour endiguer définitivement le problème des heures supplémentaires. Pour Sandrine Witeska, l'objectif est de trouver

1. Articles R. 3124-1, R. 3124-2, R. 3124-6 et R. 3124-7 du Code du travail sur les sanctions applicables en cas de non-respect des dispositions légales relatives aux heures supplémentaires.

un compromis entre le respect du droit du travail et le besoin de laisser les salariés remplir intégralement leurs missions. L'ancienne organisation est « assez aberrante », pour la directrice de la communication. « Un cadre amené à gérer des dossiers avec des périodes de rush » devait pointer matin et soir. « Nous devions être les derniers à avoir cette méthode. » Éric Laurent s'est assis à la table des négociations avec la direction en 2015 dans l'idée de remédier à cette situation. La direction propose à près de 250 salariés de passer au forfait en jours. Le droit du travail prévoit que ce dispositif « *permet de rémunérer certains salariés sur la base d'un nombre de jours travaillés annuellement, sans décompte du temps de travail. Les salariés disposent d'une grande liberté pour organiser leur emploi du temps* ».

Il n'est donc plus possible pour ces salariés d'évoquer des heures supplémentaires fournies. Pour les autres employés, pas de forfait en jours possible. « La direction a voulu y faire passer tous les cadres, nous nous y sommes opposés », explique aujourd'hui Éric Laurent. Un logiciel de gestion du temps est alors mis en place, et des formations sont dispensées aux managers, afin de suivre le présentiel des employés du siège de la Croix-Rouge. Et, pour faire face à des situations exceptionnelles, comme la gestion de crise durant l'ouragan Irma ou les attentats de 2015, un accord supplémentaire est signé. Il prévoit de déroger exceptionnellement au nombre d'heures prévues. « Cela permet d'alléger le cadre classique de travail et de récupération », souligne Sandrine Witeska. Une dérogation autorisée, sur le papier, uniquement en temps de crise et à titre exceptionnel.

« Trois ans après, il n'y a plus de problème », conclut Sandrine Witeska. Un point final voulu par la direction. Mais, dans les couloirs de la Croix-Rouge, l'apaisement ne semble pas général. L'association n'aurait pas réfléchi suffisamment aux conséquences de la mise en place de ce forfait en jours. « Ils veulent le beurre et l'argent du beurre », lance Éric Laurent. Certains directeurs n'hésiteraient pas à essayer d'outrepasser cet accord. « Certains salariés m'ont rapporté que leurs supérieurs leur demandent d'arriver le matin à 9 heures et d'être présents après 18 heures. » Or, l'intérêt du forfait en jours est justement de mettre à mal ce système de temps de présence imposé. « Ils ne comprennent pas que le forfait en jours, ce n'est pas des horaires de bureau, c'est l'un ou l'autre mais pas les deux. » Certains salariés auraient dû faire une mise au point avec leur direction, expliquant ainsi qu'ils n'avaient plus de compte à rendre au niveau de leurs horaires.

Si Sandrine Witeska parle d'un apaisement social, les discussions ne semblent pourtant pas closes. L'équilibre reste précaire. Ces tensions sociales trouvent leurs sources dans d'autres points de changements cruciaux opérés à la Croix-Rouge ces dernières années. Les employés ont dû mettre leurs dossiers dans des cartons et une fois de plus s'adapter.

16

FAITES VOS VALISES, ON QUITTE PARIS

Cette histoire commence en 2005. Cette année-là, sous l'impulsion du professeur Gentilini, qui n'est plus président de la Croix-Rouge française depuis un an, l'association pose ses valises à l'ancien hôpital Broussais, dans le 14e arrondissement de Paris. Les personnels hospitaliers ont quitté ce site de 4,7 hectares en 2000 pour le très moderne hôpital européen Georges-Pompidou. Jusqu'alors, la Croix-Rouge était basée dans le quartier des Champs-Élysées, où son siège était établi depuis 1864 dans plusieurs bâtiments successifs. En 2018, treize ans après y avoir posé ses valises, la plus importante association de France quitte le site de Broussais, au moins temporairement, à grands frais, dans l'optique de réaliser une véritable opération de promotion immobilière destinée, purement et simplement, à gagner de l'argent. Nous sommes loin des idéaux défendus depuis toujours par la Croix-Rouge. Comment en est-on arrivé là ?

L'hôpital Broussais avait été édifié en 1883, à l'occasion d'une épidémie de typhoïde, et a été entièrement reconstruit en brique et pierre entre 1928 et 1940, selon un plan en peigne. L'ensemble a été complété, en 1961 et en 1980, par de nouveaux édifices et prend sa forme actuelle, agrémentée d'un jardin qui constitue un des rares espaces verts du 14e arrondissement. En 2005, une partie des bâtiments (un gros tiers) est vendue à la Croix-Rouge, qui y installe son siège, au 98, rue Didot. Le reste est toujours détenu par l'Assistance publique-Hôpitaux de Paris (AP-HP). Selon M. Gentilini[1], qui a supervisé l'opération dès 2003 et jusqu'à la fin de son mandat, en 2004, l'objectif était de « réinvestir un lieu symbolique pour son action médico-sociale ». Mais aussi de « cesser de graviter dans le Triangle d'or (place Henri-Dunant et rue de Berri) au profit du secteur nettement moins huppé de la porte de Vanves ». « Le sud du 14e et la vocation de Broussais me semblent plus conformes à notre métier, qui est de soulager la souffrance humaine, qu'une implantation au milieu des enseignes de luxe », poursuit l'ancien président. Un retour à l'humilité, et une belle opération d'image dans le même temps. Ainsi qu'un intéressant coup financier.

Au total, l'achat de 16000 mètres carrés correspondant aux anciens bâtiments de médecine de l'hôpital, dont l'emblématique pavillon Leriche, aura coûté 22,4 millions d'euros à la Croix-Rouge. Soit environ la moitié du prix du marché. « Un prix d'ami[2] », se justifiait le vendeur à l'époque, l'AP-HP, soutenu par la mairie de Paris et les élus d'arrondissement. Au total, l'opération aura coûté 55 millions d'euros à la Croix-Rouge, travaux d'aménagement compris[3]. Dans le même temps, la Croix-Rouge a vendu ses deux sites historiques du 8e arrondissement pour un total de 62 millions d'euros. Soit un bénéfice net de 7 millions

1. Entretien réalisé le 7 mars 2018.
2. Article du *Parisien* intitulé « La Croix-Rouge déménage à Broussais », 25 juillet 2005.
3. Travaux et déménagement compris.

d'euros. Sans compter les économies de fonctionnement qu'entraîne ce déménagement puisque le siège national et le siège départemental (Paris), jusque-là éclatés sur deux sites distincts, ainsi que toutes les écoles d'infirmières de l'association, sont désormais réunis à Broussais.

L'inauguration a lieu fin janvier 2006, après un an de travaux, en présence du président en fonction, Jean-François Mattei, et de plusieurs politiques locaux et nationaux. Au total, plus de 10 000 cartons ont été nécessaires pour vider les bâtiments historiques de la Croix-Rouge de part et d'autre des Champs-Élysées. Les 300 employés du siège national et les quelque 600 élèves infirmiers sont désormais attendus quotidiennement au 98, rue Didot. Une nouvelle vie pour l'association.

Mais, treize ans plus tard, en 2018, Broussais, c'est fini... Au moins temporairement[1]. En effet, la Croix-Rouge française déménage, au moins jusqu'en 2024 – et quitte même la capitale. La première association de France a loué, début octobre 2018, un immeuble flambant neuf construit par Bouygues Immobilier dans la commune de Montrouge, dans les Hauts-de-Seine. Plus précisément, il s'agit d'un bâtiment de 13 219 mètres carrés, répartis sur cinq étages proposant 833 mètres carrés de « terrasses paysagées, patios et coursives », et situé aux 21-23 rue de la Vanne, à proximité de la Porte d'Orléans. Mais ce choix ne fait pas l'unanimité au sein des salariés que nous avons contactés. Ces derniers critiquent d'une même voix le manque de verdure par rapport à l'ancien siège du 14e arrondissement et « un voisinage fait de grandes tours et de pollution ».

1. Il est prévu que cette relocalisation dure au moins six ans avant de potentiellement réinvestir l'ancien hôpital Broussais. Mais il ne serait pas exclu, selon une source syndicale, que l'association reste finalement à Montrouge. En novembre 2018, les détails précis de l'opération sont encore flous.

Si la Croix-Rouge est désormais au même niveau que les sièges d'importantes entreprises privées, elle s'est aussi rapprochée de quelques « campus ». Mais ceux-ci n'ont rien d'universitaire puisqu'il s'agit d'émanations du Crédit agricole ou de la société de télécommunication Orange qui ont également opté pour Montrouge. À l'image de ces mastodontes de l'économie libérale, les nouveaux locaux de la Croix-Rouge, où le fameux sigle est à peine visible, ne portent plus le nom de « siège », mais bien celui, plus propre à l'époque start-up, de « campus ».

Pour Sandrine Witeska, directrice de la communication de l'association, l'idée de cette nouvelle dénomination est de « casser cette bulle parisienne, technocrate, déconnectée du terrain ». « On voulait vraiment faire de ce lieu un site ouvert, de réflexion. Donc, pour nous le terme "siège" ne correspondait plus. C'est aussi un endroit où l'on forme des salariés et des bénévoles, donc le terme "campus" s'est imposé de lui-même », poursuit-elle.

Selon les documents internes que nous avons consultés, l'idée du bureau national est de déménager provisoirement – pendant six ans – à Montrouge, sans pour autant céder l'ancien hôpital Broussais, où des travaux importants seront réalisés sur cette période. Selon le budget arrêté au mois d'octobre 2018, le déménagement et les travaux d'aménagement coûteraient à l'association plus de 3,7 millions d'euros – soit 1 million de moins que le budget prévisionnel rédigé en janvier 2018[1]. Le propriétaire du site, le groupe La Française, s'est quant à lui engagé à prendre en charge près de 2,8 millions d'euros de travaux,

1. Les travaux intérieurs ont été revus fortement à la baisse (– 48 %) tandis que l'investissement mobilier a été revu à la hausse, avec une augmentation des postes de travail, qui passent de 550 initialement prévus à 700.

soit la totalité des aménagements intérieurs. À cela s'ajoute le loyer de l'immeuble à Montrouge, que l'association doit verser à la société de gestion propriétaire du site. Selon Guy Bernfeld, le directeur général adjoint, il s'élève à 300 euros par mètre carré chaque année. Selon nos calculs, cela revient à 4,2 millions d'euros par an. Un chiffre confirmé par les syndicats en octobre 2018, ces derniers ayant obtenu des informations « de haute lutte ». « L'objectif était de quitter Paris, car la location d'un immeuble de ce genre dans la capitale avoisine les 450 euros par mètre carré », précise M. Bernfeld. Problème : l'association était propriétaire du site de Broussais et ne payait donc pas de loyer, hormis une redevance à la SCI Broussais, une sorte de « filiale » créée par la Croix-Rouge française pour gérer ce site. Une « opération blanche », en somme, selon un ancien cadre de l'association puisque ces fonds restaient entre les mains de la structure.

Notons ici que l'actuel directeur général adjoint, M. Bernfeld, n'en est pas à sa première opération immobilière. C'est lui qui a supervisé la vente des bâtiments de l'hôpital Broussais à la Croix-Rouge française à partir de 2003, lorsqu'il était en charge de l'immobilier à l'AP-HP. En 2010, il fut également à l'origine de la construction du « campus Evergreen » du Crédit agricole Immobilier, qui se situe 50, avenue Jean-Jaurès, à Montrouge. À seulement dix-huit minutes à pied du nouveau siège temporaire de la Croix-Rouge et qui avait également été construit par Bouygues Immobilier.

L'autre argument avancé par les dirigeants de l'association est que l'ancien hôpital Broussais est « une passoire énergétique », selon les termes du directeur général adjoint. Là encore, selon lui, louer un immeuble neuf conforme à toutes les normes environnementales reviendrait moins cher à l'association, même si cela ne dure que le temps des travaux. Enfin, M. Bernfeld fait état du droit du travail, qui serait bafoué dans les locaux de la rue Didot en raison de pièces sans fenêtre ou trop petites pour accueillir dignement des salariés. Après une brève visite du site, certaines pièces de cet ancien hôpital réaménagé n'ont, en effet, aucune ouverture sur l'extérieur.

Mais le professeur Gentilini, dans un e-mail adressé à Jean-Jacques Eledjam et dont nous nous sommes procuré la copie[1] – ainsi que lors de notre entretien –, évoque un autre argument : l'augmentation substantielle du nombre de salariés à la Croix-Rouge française. En 2004, le siège national comptait 300 salariés. Ils étaient plus de 650 à travailler dans les locaux de l'ancien hôpital Broussais, sans compter les plusieurs centaines de bénévoles qui s'y rendent chaque jour. Aussi M. Gentilini s'interroge-t-il sur cette « démographie pléthorique » et déplore que le bureau national n'ait pas décidé d'une « réduction drastique de cette inflation que rien ne justifie ». Et de dénoncer le « plan de réorganisation » porté par M. Eledjam depuis 2013, qui a engendré une « explosion des effectifs du siège et de la masse salariale ». À cet argument, la Croix-Rouge répond qu'il a fallu s'adapter aux changements de la société et aux évolutions des activités de l'association, sans cesse en augmentation.

Mais, pour la Croix-Rouge, tous les arguments – surtout financiers – semblent bons pour arriver à ses fins. À savoir, selon le vocabulaire employé : « renforcer l'autonomie financière de l'association ». Selon un rapport présenté au comité central d'entreprise par la direction financière de l'association les 16 et 17 mai 2018 et consacré

1. Courriel envoyé par M. Gentilini à M. Eledjam le 21 juin 2018.

au « campus Croix-Rouge », ce déménagement « *s'inscrit dans la stratégie de transformation [...] définie par son conseil d'administration* ». Par ailleurs, la Croix-Rouge ne s'interdit pas de sous-louer une partie des bureaux sur le « campus » à Montrouge à des « entreprises innovantes du secteur de l'économie sociale et solidaire », ainsi qu'un auditorium de 150 places.

Autrement dit, la création de ce « campus » s'accompagne d'une « opération immobilière », selon les mots du directeur général adjoint, Guy Bernfeld. L'idée serait de gagner de l'argent, à terme, grâce à un montage complexe dont tous les détails n'ont pas été dévoilés, en octobre 2018, aux syndicats et aux salariés. Toujours selon le document présenté au CCE, le financement de ce projet est porté par « *une structure créée spécialement à cet effet, la SAS Campus Croix-Rouge* ». Cette société est dotée, selon plusieurs documents que nous avons consultés, d'un capital de 100 000 euros, dont 80 % possédés directement par l'association et 20 % par une de ses « filiales », Immo Croix-Rouge, qui s'occupe des logements gérés par l'association. Le projet sera financé à 100 % par l'emprunt. Là encore, le vocabulaire et les méthodes font penser à ceux d'une entreprise privée. L'objectif également : faire du profit. Si rien de tout cela n'est illégal, nous sommes bien loin des principes humanitaires édictés par la Croix-Rouge. L'association se défend en arguant qu'une augmentation des profits permettra de dégager davantage de fonds pour soutenir ses actions en France et ailleurs dans le monde. Certes.

Car la Croix-Rouge française n'entend pas pour autant, à l'heure où nous écrivons ces lignes, se séparer de son ancien « siège national » rue Didot. L'ancien hôpital Broussais sera « *valorisé dans un horizon de moyen terme* », selon ce document. Il s'agira de la « *phase 2 de l'opération* ».

Les locaux de la rue Didot seront loués aux structures privées qui ont besoin d'un local jusqu'en 2020 au moins. Et des travaux d'envergure de démolition et de reconstruction à hauteur de 80 millions d'euros sont prévus sur une période 2018-2025 afin de créer des logements dans une partie des bâtiments – dont certains donnant sur la rue Didot appartiennent encore à l'AP-HP – dans le but de les revendre à des promoteurs qui pourront, par la suite, louer ces appartements. Selon une de nos sources bien renseignées, l'association prévoit de vendre ces habitations 150 millions d'euros. À terme, elle espère dégager près de 230 millions d'euros de chiffre d'affaires sur le site de Broussais, soit un bénéfice de près de 130 millions d'euros[1].

L'ampleur des travaux fait dire à une source syndicale que les dirigeants de l'association n'entendraient pas, *in fine*, regagner le site de Broussais. Le siège de la Croix-Rouge serait donc installé définitivement à Montrouge. D'autant que, selon nos informations, une option d'achat aurait été intégrée au bail locatif de cet immeuble.

Le professeur Gentilini regrette un certain « affairisme du Siège » et « la gestion dispendieuse de la gouvernance actuelle ». D'autant que, lors de l'acquisition de ce site, il y a près de quinze ans, l'association avait engagé quelque 24 millions d'euros de travaux auxquels s'ajoutent 300 000 euros de travaux d'aménagement réalisés entre 2015 et 2017. Autant d'investissements dont l'usage aura été éphémère. « Cela peut être une très belle opération financière, s'étrangle une source syndicale. Seulement, compte tenu de la dette actuelle, on se demande quand même où ils vont trouver l'argent. D'autant que, pendant ce temps-là, le salaire des employés n'augmente pas. »

1. Déménagement et travaux compris.

Au-delà des voix qui s'élèvent en interne – bien qu'un tout petit nombre de personnes puisse nous aiguiller sur les détails précis de ce projet –, la gouvernance de la Croix-Rouge française pourrait davantage avoir à s'inquiéter de l'avis des élus locaux. Ceux-ci, selon nos informations, n'entendent pas accorder un permis de démolir et celui de reconstruire les bâtiments de la rue Didot, comme prévu dans le projet. Leur crainte principale est de voir disparaître un des rares espaces verts de l'arrondissement. Nous avons contacté Carine Petit[1], la maire socialiste du 14e arrondissement de Paris, pour en savoir davantage. Visiblement mécontente de la tournure des événements, elle nous confirme qu'aucun permis de construire ou de démolir concernant le site de Broussais – pierre angulaire du projet de l'association – n'avait été déposé fin octobre 2018 alors que le déménagement avait déjà eu lieu. Pis, elle affirme avoir réclamé à plusieurs reprises des informations à la Croix-Rouge, qui ne lui répond que rarement ou partiellement.

L'élue explique d'ailleurs qu'elle a été mise au courant de ce projet par le biais de rumeurs au sein de son équipe, mais l'association n'est jamais entrée en contact avec elle. « J'ai dû les solliciter début juin 2018 pour qu'on en discute. J'ai donc rencontré M. Bernfeld, et ils m'ont fait part de leurs plans. J'ai écouté et j'ai fini par demander : "Vous songez à gagner beaucoup de mètres carrés, quasiment trois fois plus qu'aujourd'hui[2], comment allez-vous faire ?" » La réponse du directeur général adjoint est claire : « On démolit nos bâtiments ainsi que ceux d'une partie de l'AP-HP que nous comptons racheter, ceux qui donnent

1. Entretien téléphonique réalisé le 7 septembre 2018.
2. La Croix-Rouge dispose de 16000 mètres carrés sur le site de Broussais.

sur la rue Didot. » Carine Petit s'emporte : « Enfin, on ne démolit pas comme ça. Je m'y opposerai ! »

La maire concède volontiers ne pas « avoir bien compris leur modèle ». « Selon ce qu'ils m'ont dit, il y aura une partie de promotion immobilière avec des logements qui seront loués par la suite. Mais ça ne me semble pas très clair... » Davantage que sur le fond, elle s'étonne surtout de la manière de faire de la Croix-Rouge. « C'est quand même extravagant de se lancer dans cet ordre-là. Ils ont déjà signé un bail locatif à Montrouge qui commence en septembre, mais ne m'ont pas demandé mon avis sur un permis de construire. C'est pour le moins cavalier. » Depuis cette rencontre atypique avec M. Bernfeld, Carine Petit n'avait eu aucune nouvelle des dirigeants de l'association, fin octobre 2018, malgré plusieurs sollicitations.

« Cela me laisse très perplexe en tant que citoyenne, réagit la maire du 14e arrondissement de Paris. J'avais l'impression d'avoir face à moi un promoteur, et non un salarié de la Croix-Rouge. C'est très étrange comme sensation. Il ne cherchait pas à savoir s'il y avait besoin de nouveaux logements dans le quartier – ce n'est pas le cas –, ni s'il y avait assez de places d'école ou de crèche disponibles. Toutes ces questions semblaient superflues, car leur projet était de se faire de l'argent. »

Si Carine Petit n'entend pas délivrer de permis de construire ou de démolir, notamment pour préserver un site emblématique du 14e arrondissement ainsi qu'un de ses rares espaces verts, elle ne semble pas être la seule dans cette optique. Selon nos informations, la mairie de Paris, et en premier lieu l'adjoint à la maire de Paris chargé de l'Urbanisme, Jean-Louis Missika, serait également contre ce projet. Ce dernier n'a pas souhaité répondre à nos sollicitations.

À l'heure où nous terminons cette enquête, seul reste à Broussais l'Institut de formation de la Croix-Rouge. Les salariés ont posé leurs dossiers, pour les six prochaines années au moins, dans les nouveaux locaux du « campus », à Montrouge. S'ils ont gagné des fenêtres dans leurs bureaux, la Croix-Rouge n'a-t-elle pas perdu une partie de son âme dans cette opération immobilière cachée de tous ?

17

UNE ENTREPRISE CARITATIVE ?

Humanité, impartialité, neutralité, indépendance, volontariat, unité, universalité. Voici les sept principes fondamentaux de la Croix-Rouge. Ils figurent tous en préambule des statuts de l'association et sont donc positionnés au début de l'article 1 du chapitre I, qui indique : « *La Croix-Rouge s'emploie à prévenir et à apaiser toutes les souffrances humaines, en toute impartialité et sans aucune discrimination.* » Qui n'adhérerait pas à de telles valeurs cardinales ?

Si l'emballage peut s'avérer attrayant, le contenu est parfois loin des textes fondateurs. Au fil des ans et des présidents, la Croix-Rouge française semble s'être convertie au libéralisme économique au point qu'un des objectifs affichés est de dégager du profit. Cette nouvelle manne doit, selon les dirigeants actuels de l'association, servir à « *développer les actions du mouvement sur le terrain* », comme l'aide aux plus démunis, la prise en charge des personnes âgées ou encore la formation. Là encore, le but est louable. Mais, à fonctionner comme une entreprise privée, ne risque-t-on pas de bafouer certains des principes fondateurs de l'association ?

Une source syndicale que nous avons interrogée[1] à ce propos nous indique qu'un basculement s'est opéré au début de la seconde mandature du professeur Jean-François Mattei, dès 2010. Une rupture qui s'est aggravée ces dernières années sous le règne du professeur Jean-Jacques Eledjam. « La Croix-Rouge fonctionne comme une entreprise. Cela peut s'entendre étant donné qu'il y a plusieurs milliers de salariés dans tout le pays, mais ce n'est pas la vocation première d'une association comme celle-ci. Le vocabulaire est devenu celui des grandes boîtes, de même que les manières de diriger. Pas étonnant qu'il y ait autant de casse sociale à la Croix-Rouge que dans des sociétés du CAC40 », nous explique une autre source qui travaille au sein de l'association depuis vingt-cinq ans. Cette dernière regrette notamment que « l'esprit de la Croix-Rouge se soit dissipé au profit de l'appât du gain ».

Pour gagner de l'argent, plusieurs solutions sont possibles pour cette structure. La plus évidente est la rentrée de dons venus directement de la poche des particuliers. Une manne en croissance depuis plusieurs années. En 2016, le « produit de la collecte » a représenté 72 222 428 euros[2]. En 2015, ce montant était de 68 624 247 euros, soit une augmentation de près de 5 %. En 2017, les dons issus de la collecte progressaient encore de 11 %. Bref, les Français sont de plus en plus généreux avec la Croix-Rouge, mais c'est également le cas avec toutes les associations caritatives. Si l'on prend toutes les formes de dons, les Français ont donné, en 2015, l'équivalent du budget de la justice en 2018. Soit près de 7,5 milliards d'euros, selon la première

1. Entretien réalisé dans le 14e arrondissement de Paris le 23 mai 2018.
2. Selon le rapport des commissaires aux comptes sur les comptes annuels de la Croix-Rouge rendus chaque année.

édition du « Panorama national des générosités[1] » de la Fondation de France. Mais 2018 aura été une année noire pour les associations caritatives et les fondations. Le syndicat France Générosités, qui regroupe 97 d'entre elles, constate, sur les 2,6 milliards d'euros habituellement collectés auprès des particuliers, une baisse de 6,5 % au premier semestre 2018, qui pourrait atteindre 10 % sur l'ensemble de l'année.

Mais la Croix-Rouge ne mise pas uniquement sur les dons. Bien au contraire. Le financement public représente 84 % de ses recettes chaque année. En 2017, les subventions publiques s'élevaient, au total, à 264 463 353 euros, contre 224 862 461 euros en 2016. Pourtant, malgré ces recettes considérables, la Croix-Rouge a connu un déficit de 20 millions d'euros en 2015 et de 16 millions en 2016. Cela s'explique notamment par une charge salariale conséquente, estimée, selon le rapport de la Cour des comptes, à plus de 470 millions d'euros pour l'année 2016 – contre 474 millions en 2015 –, à laquelle s'ajoutent des charges sociales et fiscales sur rémunérations de plus de 270 millions d'euros. Notons ici qu'au seul siège de l'association le nombre de salariés est passé de 300 en 2005 à près de 650 en 2018. Au total, la dette de la Croix-Rouge atteint aujourd'hui des sommets : plus de 410 millions d'euros en 2016, contre 395 millions en 2015. Un équilibre financier très instable. Alors, pour sortir la tête de l'eau, l'association tente de diversifier ses activités et de dégager des nouveaux revenus.

1. Lancée par Daniel Bruneau, ancien président de France Générosités, cette étude effectuée par quatre auteurs a été produite avec la collaboration du CerPhi et en partenariat avec France Générosités, le Centre français des fonds et fondations, l'Association française des *fundraisers*, Admical, Don en confiance et l'Institut des dirigeants d'associations et fondations.

Pour ce faire, la Croix-Rouge compte d'abord sur l'immobilier. Il y a dix ans, entre 2008 et 2010, l'association a misé sur un achat massif et incontrôlé d'immeubles et de structures de santé. Par exemple, l'acquisition de La Roseraie[1], une « maison de retraite médicalisée » située à Lyon, ou le Centre médico-chirurgical de réadaptation des Massues, qui a rejoint la Croix-Rouge en 2008. Une stratégie qui avait pour but d'accroître l'influence de la Croix-Rouge, mais qui a simplement gonflé la dette de l'association sans rapporter les recettes escomptées. « Avant, on saisissait une opportunité dès qu'elle se présentait pour se développer à outrance. On ne se demandait pas forcément s'il y avait besoin sur tel ou tel territoire, regrette aujourd'hui la directrice de la communication, Sandrine Witeska. Au final, on s'est retrouvés présents pratiquement dans tous les départements, mais minoritaires partout. » Depuis quelques années, la stratégie est inversée : on vend à tour de bras pour mieux cibler les investissements.

« Aujourd'hui, 60 % du parc immobilier de la Croix-Rouge est obsolète et ne rapporte rien parce qu'il est laissé à l'abandon. Donc, ces immeubles seront vendus afin d'obtenir du cash qui sera réinjecté dans des investissements rentables », nous confie une source syndicale. Ainsi, selon le rapport de la Cour des comptes de 2016, la Croix-Rouge a vendu pour plus de 2 millions d'euros d'immobilisations. En 2015, ce chiffre était de plus de 12 millions d'euros. Des rentrées « exceptionnelles », notamment destinées à assainir les comptes de la première association de France, mais également à acquérir de nouvelles infrastructures plus rentables. Au cours des prochaines années, les

1. Inaugurée en septembre 2015.

recettes espérées avoisineraient, selon nos informations, les 60 millions d'euros.

Depuis plusieurs années, l'association, via ses filiales Croix-Rouge Habitat, La Croix-Rouge Domicile[1] ou différentes SCI « spécialisées dans le secteur d'activité de la location de terrains et d'autres biens immobiliers[2] », achète des structures hospitalières déjà existantes ou des immeubles et les transforme en EHPAD ou en appartements. « C'est comme une fusion-acquisition », nous lancera M. Bernfeld, sans ironie. « Sur le plan comptable, ces activités rentrent dans la filière "handicap, personnes âgées et exclusion". Donc c'est ciblé, et ça peut être utile mais l'objectif est avant tout de faire de l'argent », explique une source syndicale. « On n'est plus dans l'esprit de la Croix-Rouge. Le modèle économique est celui d'une entreprise privée. » Une autre source syndicale dénonce la volonté de la Croix-Rouge de recourir à des placements immobiliers. Comme c'est notamment le cas dans le projet de déménagement[3]. « Quand ils présentent leurs idées, on dirait entendre une banque. Je ne m'y retrouve plus. » D'autant que la stratégie de la Croix-Rouge, telle qu'elle nous a été présentée par Sandrine Witeska et Guy Bernfeld, semble pour le moins étrange.

Selon le directeur général adjoint et la directrice de la communication, la politique de développement votée par le conseil d'administration en mai 2018 consiste à se concentrer sur certaines filières spécifiques et « sur

1. Qui sont gérées à 50 % par la structure et à 50 % par un bailleur social.

2. À l'image de la SCI Nissan ou de la SCI Broussais La Charité, dirigées par Guy Bernfeld, directeur général adjoint de la Croix-Rouge. Au total, la Croix-Rouge contrôle 6 SCI et 2 fonds de dotation, selon le rapport de la Cour des comptes de 2016.

3. Cf. chapitre 16, « Faites vos valises, on quitte Paris ».

les territoires où la Croix-Rouge est déjà très présente». Concrètement, l'idée des dirigeants actuels est de se développer sur les régions Île-de-France, PACA, Rhône-Alpes et Occitanie sur les filières "personnes âgées, exclusion et petite enfance[1]". «L'objectif est de s'implanter dans un endroit où il y a un besoin. C'est le minimum. Mais aussi là où il n'y a pas un autre opérateur qui fait très bien le boulot», précise Mme Witeska. Autrement dit, la Croix-Rouge mise sur les régions les plus peuplées et les plus riches de France. Pour ce qui est des déserts médicaux – la Croix-Rouge est peu présente dans les Pays de la Loire par exemple –, l'association a mis en place des bus qui se déplacent vers les populations dans le besoin plutôt que d'opter pour la création de structures *ad hoc*[2]. Mais la Croix-Rouge mise également sur le développement des technologies. Ainsi, Guy Bernfeld pense, sûrement à juste titre, que dans les prochaines années, les personnes âgées resteront le plus longtemps possible chez elles grâce à des appartements adaptés et connectés, avec l'intervention d'aides-soignants issus d'un centre Croix-Rouge et dont les besoins seront gérés via une plateforme numérique. Ils n'iront en EHPAD qu'au dernier moment. Là encore, un marché est à prendre et l'association n'y semble pas insensible.

Cette stratégie de «développement ciblé», adoubée par les administrateurs, n'est pourtant pas sans risque. «L'objectif d'Eledjam est d'arriver au terme de son second mandat avec les finances assainies, nous confie une source syndicale. Tout est fait pour aller dans ce sens-là à marche

1. Cf. page 27.

2. La Croix-Rouge a créé un dispositif intitulé «La Croix-Rouge sur roues», en partenariat avec PSA, pour aller vers les populations les plus éloignées.

forcée, quels que soient les dommages collatéraux. » Selon cette source, l'impact social est « complètement négligé ». Si bien qu'elle a parfois l'impression de travailler dans une entreprise privée. Selon plusieurs de nos sources, un cadre de l'association aurait même lâché en plein CCE : « On n'est pas une association humanitaire. » Le ton est donné. Depuis plusieurs années, les départs volontaires ont explosé, de même que les affaires portées devant les prud'hommes, qui dépasseraient la centaine chaque année, selon les syndicats. Un mouvement social inédit auquel l'association doit faire face.

En 2015, la Croix-Rouge était la cible d'un article du *Parisien* dénonçant les heures supplémentaires impayées des salariés du siège[1]. L'inspection du travail avait infligé à l'association un redressement potentiel de 11 millions d'euros. Finalement, les salariés du siège ont été indemnisés à hauteur de 300 000 euros au total. « Le cadre de la loi n'est pas adapté à nos missions. Mais cela ne veut pas dire qu'on ne doit pas respecter le droit du travail. Notre positionnement a été de dire qu'on va régulariser, mais on doit aussi pouvoir mener nos actions en cas de crise », a réagi Sandrine Wileska. Sur ce dossier, qui existe depuis plusieurs dizaines d'années, la Croix-Rouge s'en est plutôt bien sortie. De nombreuses structures associatives sont concernées par cette problématique. Pourtant, partout en France, la crise sociale continue de couver à la Croix-Rouge.

Le 17 mai 2018, un mouvement social inédit touche le secteur médico-social de l'association. Des dizaines de salariés ont manifesté dans toute la France pour dénoncer des salaires bloqués depuis plus de dix ans. Selon une source

1. Cf. chapitre 15 : « 1 + 1 + 1 + 1 : les heures supplémentaires ».

syndicale, la valeur du point n'a ainsi progressé que de 5 centimes d'euros depuis 2009, dont une augmentation substantielle de 2 centimes en juillet 2017. Pendant ce temps-là, les charges salariales, elles, n'ont pas diminué, bien au contraire. Christelle est aide-soignante depuis vingt-deux ans au centre de rééducation de Bel-Air, l'un des six établissements que la Croix-Rouge possède en Indre-et-Loire. Son salaire net est de 1 300 euros. « On compte, on devient de très bons comptables », plaisante-t-elle au micro de France Bleu. « Dès qu'on reçoit la paye, on fait attention à ce que les prélèvements passent et le reste on ne peut pas, on se prive de sorties, de plaisirs », renchérit sa collègue, Bénédicte.

Dans un article daté du 17 mai 2018, France Bleu Touraine se penchait sur ce mouvement social sans précédent : « Dans la fonction publique hospitalière ou dans le privé, elles gagneraient au moins 200 euros de plus. Ce qui fait que beaucoup de salariés jettent l'éponge. » Des salariés quittent nos établissements, on a du mal à recruter des professionnels, déplore Christian Michaud, infirmier à Bel-Air, mais aussi élu CFDT. On se retrouve dans des situations critiques, on fait appel à beaucoup de CDD, beaucoup d'intérimaires. » Christian Michaud relate une discussion qu'il a eue l'été dernier avec l'un de ses patients et qui, selon lui, illustre les conséquences de ces bas salaires sur les soins. « Un patient m'a dit "ça fait trois mois que je suis là et j'ai dû montrer mes fesses à au moins 50 personnes différentes ! Tous les jours j'ai un nouveau salarié qui vient, un professionnel qui me dit comment on fait déjà pour s'occuper de vous ?" ! »

Pour éteindre l'incendie, l'association a dû, une nouvelle fois, mettre la main au porte-monnaie. En juin 2018, la Croix-Rouge débloque 1,2 million d'euros pour revaloriser le salaire minimal et met en place une prime pour les plus basses rémunérations. « On fait partie d'un secteur très tendu et contraint. C'est une problématique sur laquelle on travaille. Il y a des situations qui pourraient largement être améliorées, mais notre marge de manœuvre est très réduite », explique Sandrine Witeska. 1,2 million d'euros débloqués pour les salariés, contre près de 15 millions pour le projet « campus Croix-Rouge[1] ».

Pourquoi rester dans de telles conditions salariales ? Les syndicats pointent l'importance de ce phénomène d'« appartenance à la Croix-Rouge ». « Nos dirigeants, au siège, mettent en avant le fait que les salariés doivent appréhender leur appartenance à l'entité Croix-Rouge, nous confie une source syndicale. Mais ils sont déjà fiers d'appartenir à cette structure, sinon ils ne resteraient pas. L'association doit aussi faire en sorte qu'on se sente à l'aise financièrement, car la fierté ne remplit pas l'assiette. »

En somme, tous ces salariés restent pour le prestige et l'humanisme que représente un travail à la Croix-Rouge. Pour rien au monde ils n'aimeraient rejoindre une entreprise privée, même s'ils sont bien loin de connaître les dessous des actions de leur employeur. De nombreux bénévoles que nous avons interrogés n'étaient pas au courant des pratiques immobilières de l'association, ni de ses velléités de faire du profit. Inutile, ici, de nous leurrer. Dans ce monde capitaliste, la Croix-Rouge est acteur d'un marché hyper-concurrentiel. L'objectif est, à terme, de sortir d'une disette financière qui touche le secteur associatif et de s'adapter aux nouvelles contraintes économiques, sociales et démographiques. Pour ce faire, la première association

1. Cf. chapitre 16, « Faites vos valises, on quitte Paris ».

de France a entamé, il y a une dizaine d'années, sa mue. Au point de ressembler, dans son vocabulaire ou ses projets, à une entreprise privée à but lucratif.

Il est vrai, chacun peut le comprendre, que la Croix-Rouge française a besoin d'argent pour fonctionner et pour réaliser des actions sur le territoire national ou à l'étranger. Les champs d'action de l'association sont les suivants : urgence et opérations secouristes, action sociale, métiers sanitaires, sociaux et médico-sociaux, formation et action internationale.

Mais sont-ils présents dans tous les domaines à hauteur de ce qu'on pourrait attendre d'une organisation telle que celle-ci ?

CONCLUSION

CROIX-ROUGE, OÙ VAS-TU ?

La Croix-Rouge est, depuis près d'un siècle et demi, reconnue pour ses actions et ses engagements au service des plus démunis, en France ou ailleurs dans le monde. Le grand public lui a donné sa confiance, et l'ensemble de ses salariés et bénévoles œuvrent au quotidien pour la servir. Toutes nos sources, anonymes ou non, ont ainsi un point commun : l'amour de cette « belle maison ». Toutes ont accepté de témoigner pour rendre compte des dérives de la direction actuelle, qui affecteraient, selon elles, l'organisation dans son fonctionnement et son rayonnement.

C'est aussi l'un des points de départ de cette enquête. Plusieurs voix murmurant le même message : ne pas atteindre l'association qui, en tant que telle, n'y est pour rien, mais lui tendre la main pour qu'elle puisse retrouver sa vocation.

Pour Marc Gentilini, ancien président, la Croix-Rouge française traverse aujourd'hui une « crise identitaire ». Elle se traduit surtout par des points de vue divergents sur les actions à mener en priorité par l'association. D'un côté, celui qui est toujours président honoraire de l'organisation les orienterait davantage vers les lieux de privation de liberté ou l'aide aux migrants. De l'autre, les actuels dirigeants de la Croix-Rouge ont comme priorité, selon Sandrine Witeska et Guy Bernfeld, l'exclusion, les personnes âgées et la petite enfance. Deux ambitions distinctes qui ont donné lieu à plusieurs échanges ces dernières années. Mais, selon Marc Gentilini, un dialogue de sourds s'est progressivement installé. L'actuel président, Jean-Jacques Eledjam, a reçu ses deux prédécesseurs, Jean-François Mattei et M. Gentilini, dans les locaux de la Croix-Rouge en 2013. L'objectif de cette rencontre était, pour les anciens dirigeants, de clarifier le cap suivi par le nouveau président. Mais, selon Marc Gentilini, l'entretien fut à peine cordial, et la route empruntée ne changera pas. Pourquoi un tel décalage ? Nous avons cherché à comprendre quels sont les domaines privilégiés par l'organisation humanitaire ces dernières années et quels moyens y sont alloués.

Pour la présidence actuelle, le combat contre l'exclusion est une priorité. Pour ce faire, elle met en avant deux axes d'action : le SAMU social et le logement. La Croix-Rouge est le premier opérateur du SAMU social en France, et le professeur Eledjam en a été le président à Montpellier dans son ancienne vie. Son engagement passe surtout par une importante présence sur le terrain. Elle l'est dans 77 départements, sur les 101 du territoire français, et compte 210 équipes mobiles[1]. La réussite de l'association dans les rues se traduit par la multiplication des maraudes, avec près de 16000 effectuées en 2015. Une maraude est une « tournée » formée de 3 ou 4 bénévoles ou salariés. L'organisation humanitaire définit les priorités de ces interventions comme étant celles du dialogue. « *La priorité de nos équipes sur le terrain est d'aller à la rencontre des personnes à la rue et de maintenir, voire recréer un lien social. L'objectif, quand*

1. Chiffres rapport annuel 2017.

elles le souhaitent, est ensuite de les orienter vers une solution d'hébergement qui leur convienne», selon le site de la Croix-Rouge. Ces maraudes se font généralement à des heures et des jours fixes, hiver comme été, et peuvent être ajustées en cas de plan d'urgence: grand froid ou canicule. Fière de ce volet de son engagement, la Croix-Rouge met en avant des chiffres flatteurs: de 70000 à 80000 personnes rencontrées dans l'année 2017 au cours de ces maraudes[1].

Pour l'association, une action pérenne pour lutter contre l'exclusion passe aussi par l'accès à un logement. Ainsi, elle s'est engagée, depuis plusieurs années, dans le domaine de l'hébergement «*pour assurer la continuité d'une prise en charge et proposer des solutions adaptées aux problématiques individuelles des personnes rencontrées*». Pour ce faire, «*la Croix-Rouge française s'est dotée de structures alliant hébergement temporaire et accompagnement social (centres d'hébergement et de réinsertion sociale, centres d'hébergement de stabilisation) ainsi que de structures proposant des solutions alternatives de logement aux personnes fragilisées*». Dans son rapport annuel (de 2017), l'organisme chiffre 118 établissements sur l'ensemble du territoire, dont 75% de dispositifs d'hébergement de droit commun qui dépendent directement du SAMU social en l'absence de places dans le dispositif destiné à l'asile. Par ailleurs, près de 3000 places supplémentaires sont mises à la disposition des migrants dans des centres d'accueil, des plateformes ou des dispositifs d'information.

La Croix-Rouge met aussi en avant son engagement auprès des personnes âgées, le définissant ainsi comme «*l'une des trois plus importantes actions à mener*». «*Face à la solitude des personnes âgées, notre association met en*

1. *Ibid.*

place des actions visant à lutter contre l'isolement et à prévenir les risques liés à la dépendance, afin de préserver la qualité de vie des personnes âgées et de leurs aidants», écrit l'association sur son site. Toujours dans son rapport, elle évoque 48 établissements de différentes sortes consacrés aux personnes âgées à travers la France. Les EHPAD (établissements d'hébergement pour personnes âgées dépendantes), les USLD (unités de soins de longue durée) et les accueils de jour mettent à disposition 3045 places et lits. Une action nécessaire, car, selon l'association, 23 % des personnes isolées sont des personnes âgées de plus de 75 ans en France. Dans ce projet, s'inscrit aussi l'aide aux patients atteints de la maladie d'Alzheimer. Aujourd'hui, la France compte près de 900000 personnes touchées par cette maladie. Et 160000 malades sont diagnostiqués chaque année dans notre pays. L'association France Alzheimer prévoit même qu'un Français sur quatre de plus de 65 ans sera touché par cette maladie en 2020... La Croix-Rouge considère alors que cela représente un «défi à relever» et prend ainsi part aux démarches de l'association MONALISA en créant, en 2016, «les haltes répit-détente Alzheimer». «*Ces lieux d'accueil non médicalisés [...] proposent des activités adaptées aux personnes malades et permettent aux aidants de prendre du temps pour eux. Une prise de relais temporaire centrée sur l'écoute et le partage pour maintenir un lien social malheureusement trop souvent altéré par la maladie*» et rompre le face-à-face exclusif entre l'aidant et l'aidé, explique l'organisation caritative. En 2018, 39 de ces haltes étaient déjà en activité en France, selon le rapport annuel 2017 de la Croix-Rouge française, et plusieurs dizaines d'autres étaient en projet.

Dernier fait d'armes, mis en avant par l'association, la protection de la petite enfance. «*Notre association accompagne les enfants les plus vulnérables vers l'autonomie et travaille à la restauration des liens parents-enfants, ainsi qu'au maintien des liens entre les fratries*», souligne-t-on au sein de la Croix-Rouge française. Depuis 2015, l'association semble avoir orienté une part de ses investissements vers cette problématique. Cette année-là, on dénombre 26 centres liés à cet enjeu sur tout le territoire. Deux ans plus tard, en 2017, 30 sont détaillés dans le rapport annuel de l'organisation. Par exemple, un «relais parental» supplémentaire a été ouvert au public. Si l'organisme parle d'un «*dispositif expérimental*», il met en avant l'importance de ce dernier et l'inscrit dans sa démarche sociale. Ces relais permettent d'accueillir, sans la nécessité d'un placement, des mineurs dont «*les parents sont confrontés à des problèmes familiaux, sociaux, de santé, ponctuels ou périodiques*». Ce dispositif, fondé sur le volontariat et à la demande des parents, «*[représente] une véritable alternative au placement d'enfant lorsque celui-ci n'est pas justifié*», explique la Croix-Rouge. L'ensemble des dispositifs destinés aux enfants et aux familles propose 3 500 places à travers la France. Pour se hisser parmi les principales associations actant en faveur de la protection de l'enfance, la Croix-Rouge devrait investir encore durant ces prochaines années. Les MECS (Maisons d'enfants à caractère social) sont spécialisées dans l'accueil temporaire des mineurs en difficulté. Ces derniers peuvent y être placés en internat complet ou en foyer ouvert lorsque certaines situations sont détectées : des difficultés psychologiques ou psychiatriques des parents, des problèmes d'alcoolisme, de toxicomanie, de graves conflits familiaux, des carences éducatives, des problèmes comportementaux de l'enfant, l'isolement d'un enfant étranger. Le Registre français du social et médico-social recense sur son site 1 165 MECS en

France. Selon son rapport annuel 2017, 6 d'entre eux sont des centres Croix-Rouge.

Pour Marc Gentilini, ancien président de la Croix-Rouge française, de 1997 à 2004, le problème n'est pas la manière dont l'association s'engage dans ces trois actions, mais bien le choix de départ de ces dernières. « La vocation de la Croix-Rouge est d'aller sur les terrains sensibles, les terrains de guerre urbaine. Les banlieues, les lieux de privation de liberté et l'aide aux migrants en font partie au même titre que les personnes âgées ou la petite enfance. Dans ces domaines, aussi importants soient-ils, de nombreux acteurs font très bien le boulot en France », souligne le professeur.

Les prisons sont le premier exemple attestant cette nouvelle ère au sein de la Croix-Rouge, selon Marc Gentilini. « Avant, le travail dans les prisons était une tradition de l'association », s'étonne-t-il. Aujourd'hui, l'organisation en serait quasiment absente. Pourtant, l'histoire de la Croix-Rouge est étroitement liée aux lieux de privation de liberté. Jusqu'à l'adoption de la loi du 18 janvier 1994[1], elle était même indispensable à la santé des personnes incarcérées. Avant cette date, une infirmerie devait être aménagée dans chaque prison, avec, comme personnel, un infirmier ou une infirmière à temps plein ou partiel. La prise en charge des soins des détenus relevait donc de l'administration de la prison. Des médecins vacataires étaient aussi désignés par le directeur régional des services pénitentiaires auprès de chaque établissement. Grâce à une convention, la Croix-Rouge avait recruté, à cette époque, près de 250 médecins et plus de 300 infirmiers et infirmières pour travailler dans les prisons françaises. La présence de l'association était donc

1. Loi n° 94-43 du 18 janvier 1994 relative à la santé publique et à la protection sociale.

devenue indispensable à la bonne santé des prévenus. À la suite de l'adoption, par les députés, de la loi du 18 janvier 1994, chaque établissement pénitentiaire s'est vu rattaché à un hôpital public. Ce dernier est devenu responsable de la prise en charge sanitaire des détenus et la Croix-Rouge a vu son rôle diminuer. À la suite de cette grande réforme, l'association a toutefois continué d'agir dans ces lieux de privation de liberté. Des missions « prison-justice » sont alors mises en place. Mais, selon Marc Gentilini, « depuis plusieurs années, il y a eu un désengagement total de la Croix-Rouge dans les lieux de privation de liberté. On n'y fait plus rien, pourtant la surpopulation n'a jamais été aussi importante ». La situation dans les prisons françaises est effectivement préoccupante. Quelque 70 710 personnes sont incarcérées en France au 1er juillet 2018. Un chiffre en augmentation de 0,6 % par rapport au 1er juillet 2017[1].

Côté Croix-Rouge, aucun chiffre n'apparaît sur les pages du rapport annuel 2017. Le site de l'association met cependant en avant une certaine implication avec une phrase pour le moins succincte : « *La Croix Rouge française participe à la réinsertion des personnes sous main de justice.* » Concrètement, 103 établissements pénitentiaires – sur 187 – peuvent bénéficier d'une présence de l'association. Ces chiffres datent de 2014. Mais il faut nuancer cette situation, car certaines antennes locales continuent d'intervenir en prison. L'unité de Seine-et-Marne fait notamment la promotion de ses interventions au sein des murs de trois prisons de son secteur. Des bénévoles sont déployés dans ces centres pour l'accueil des familles en attente de parloir, l'accompagnement ponctuel de détenus à l'extérieur et sans escorte à des fins administratives ou visites de proches

1. Chiffres issus du ministère de la Justice.

malades ou décédés, ou encore la dispense de formation aux premiers secours et la participation à diverses actions culturelles, par exemple. Il semblerait donc que l'association n'ait pas disparu des lieux de privation de liberté, mais que son action y soit amoindrie.

Marc Gentilini met en parallèle le « désengagement » de la Croix-Rouge dans les établissements pénitentiaires avec la situation sanitaire dans les centres de rétention pour les migrants. « Là encore, il y aurait des choses à faire pour la santé des personnes incarcérées et pour leur bien-être. Mais rien. La Croix-Rouge devrait s'y trouver mais ce n'est plus le cas », déplore-t-il. Face à lui, l'association se targue pourtant d'être un « symbole de protection » pour les personnes migrantes. Elle met notamment en avant sa présence dans les zones d'attente, situées à proximité des lieux d'arrivée. La Croix-Rouge est l'une des 13 associations habilitées à y pénétrer depuis 2003. Elle met aussi en avant sa capacité d'accueil et précise proposer près de 3 000 places d'hébergement, ainsi qu'une centaine de nuitées hôtelières. Par ailleurs, le nombre de lits mis à disposition des migrants a presque doublé depuis 2015. En parallèle, la progression de l'immigration, qui se retrouve dans le nombre de premiers titres de séjour délivrés (donc sans prendre en compte de possibles renouvellements), est constante. Ces dix dernières années, leur nombre est passé de 171 907 pour l'année 2007 à 262 000 pour l'année 2017, avec une progression plus forte à partir de 2012[1].

« La Croix-Rouge française est devenue invisible. Tous les jours, on entend parler de l'antenne italienne, espagnole ou du Croissant-Rouge turc sur les questions migratoires.

1. Chiffres de l'Institut national de la statistique et des études économiques (INSEE).

L'unité française n'apparaît plus sur les écrans», répond Marc Gentilini. À la frontière franco-italienne, la Croix-Rouge italienne gère avec difficulté – mais non sans opiniâtreté – le grand camp de Vintimille où sont accueillis quelque 500 migrants. En France, Médecins du monde, Emmaüs ou encore des petites structures comme Aurore gèrent des camps à Grande-Synthe ou à Paris, ce qui n'est quasiment plus le cas d'une des plus importantes associations humanitaires de France. Dans les faits, la Croix-Rouge gère 13 centres d'accueil de demandeurs d'asile (CADA) en France – sur 291 présents sur tout le territoire –, pour un total de 1 151 places. Elle a mis en place 5 dispositifs d'hébergement d'urgence des demandeurs d'asile (HUDA), 8 dispositifs d'hébergement d'urgence pour migrants (CHU-M) et 6 centres d'accueil et d'orientation (CAO). Une présence jugée «faible» par de nombreux observateurs par rapport à la taille de l'organisation.

L'association assure faire le «maximum» avec le «peu de moyens dont elle dispose». Sur le site de l'association, les missions destinées à la question migratoire sont détaillées. En France, la Croix-Rouge a bien mis en place des hébergements, des zones d'attente, ou encore des permanences d'assistance et d'accueil. Un dispositif mobile d'urgence (DMU) pour les migrants a également été créé en août 2017 dans les Hauts-de-France. Celle qui intervenait dans la «jungle» de Calais jusqu'à son démantèlement fin 2016 ou à Grande-Synthe jusqu'à l'incendie du camp humanitaire en avril 2017, s'est adaptée. «*Les campements sont devenus informels et mouvants, les populations se cachent et sont plus difficiles d'accès*», note l'association. Concrètement, l'organisation entend, via ce dispositif, venir en aide aux migrants présents dans les Hauts-de-France en leur assurant un accès aux premiers soins, à l'hygiène, à la sécurité et à l'information. Le DMU, composé d'une équipe de huit bénévoles provenant de toute la France, intervient trois jours par semaine dans différents campements situés dans le Nord et le Pas-de-Calais. Mais cela ne semble pas suffisant pour M. Gentilini, qui gérait, à l'époque, le centre de Sangatte, non loin de Calais. Deux fois plus grand que la ville elle-même, cet ancien hangar, ouvert en 1999 et géré exclusivement par la Croix-Rouge, pouvait accueillir jusqu'à 800 personnes. Initialement destiné à éviter que les 200 migrants de la zone ne dorment toutes les nuits dans un jardin public de Calais, il a vu passer près de 68 000 personnes en trois ans. Face aux violences qui se déroulaient parfois à l'intérieur et aux abords du centre, le ministre de l'Intérieur, Nicolas Sarkozy, avait finalement décidé de le fermer, en septembre 2002. Il abritait alors près de 2 000 migrants. « À l'époque, on disait que nous créions, avec Sangatte, un pôle d'appel et que les gens venaient dans ce centre parce qu'il était géré par la Croix-Rouge. C'était faux, selon moi, et de toute manière, c'était notre rôle de les protéger. Aujourd'hui, la situation s'est aggravée sans que la Croix-Rouge ne se remobilise suffisamment », se justifie le professeur Gentilini.

Dans les banlieues, l'ancien président de la Croix-Rouge regrette que l'argent soit « gaspillé » au profit d'autres priorités. Ce dernier souhaiterait ainsi que « l'emblême de l'institution soit à nouveau présent » dans ces zones. « À l'époque, nous formions des jeunes aux gestes de premiers secours. On leur donnait un diplôme, parfois le premier de leur vie, et ça les rendait fiers. Ils véhiculaient, par la suite, les valeurs de la Croix-Rouge française. Ça servait vraiment à quelque chose. Et certains trouvaient, par la suite, un emploi. » En réalité, ce dispositif, aujourd'hui appelé « La Caravane des banlieues », existe toujours. Mais nous constatons avec étonnement que le thème « banlieues » n'est pas présent dans ceux abordés par la Croix-Rouge dans son rapport annuel 2017. Les pôles « urgence et opérations secouristes » – très important avec la prise en charge de plus de 86 000 personnes sur l'année 2017 par près de 9 000 bénévoles –, « lutte contre les exclusions », « personnes âgées » ou encore « enfants et familles » sont bien présents, mais, on a bien cherché, nulle trace d'une mention « banlieue »

Deux idéaux de la Croix-Rouge sont donc en conflit. Entre l'ancienne présidence et la nouvelle, le dialogue semble encore difficile. En tant que président d'honneur, Marc Gentilini voudrait que sa vision de l'association perdure. Mais dans les faits, les entrevues sont bien rares, et les mots ne passent plus. Lorsque nous échangeons avec Marc Gentilini à ce sujet, il nous renouvelle sans cesse une même volonté de ne pas attaquer l'institution qu'est la Croix-Rouge. Mais plutôt de mettre en avant ce qu'il considère comme des dysfonctionnements au cœur d'un organisme auquel il ne parvient pas à renoncer.

REMERCIEMENTS

Nous tenons à remercier toutes nos sources, anonymes ou non, qui ont accepté de collaborer à cette enquête malgré la peur, les pressions, et par amour pour cette grande association qui sert les intérêts des plus démunis.

Nous remercions également Noëlle Meimaroglou et Goyave Verchezer pour leur confiance et leurs conseils tout au long de ce projet.

Un grand merci à notre directeur de collection, Arash Derambarsh, qui croit en nous depuis plusieurs années.

TABLE

Achevé d'imprimer en février 2019
dans les ateliers de Normandie Roto Impression s.a.s.
61250 Lonrai
N° d'impression : 1900104

Imprimé en France